Martin Jankowski
Der Tag, der Deutschland veränderte
9. Oktober 1989

Schriftenreihe des Sächsischen Landesbeauftragten für die Stasi-Unterlagen
Band 7

Folgende Bände sind erschienen:

Band 1 Achim Beyer: 130 Jahre Zuchthaus. Jugendwiderstand in der DDR und der Prozess gegen die »Werdauer Oberschüler« 1951
2003, 2. Auflage 2004, 112 Seiten, ISBN: 978-3-374-02070-6

Band 2 Regine Möbius (Hrsg.): Panzer gegen die Freiheit. Zeitzeugen des 17. Juni 1953 berichten
2003, 176 Seiten, ISBN: 978-3-374-02084-3

Band 3 Lenore Lobeck: Die Schwarzenberg-Utopie.
Geschichte und Legende im »Niemandsland«
2004, 3. Auflage 2005, 192 Seiten, ISBN: 978-3-374-02231-1

Band 4 Jens Niederhut: Die Reisekader. Auswahl und Disziplinierung einer priviligierten Minderheit in der DDR
2005, 152 Seiten, ISBN: 978-3-374-02339-4

Band 5 Jürgen Gottschalk: Druckstellen. Die Zerstörung einer Künstler-Biographie durch die Stasi
2006, 120 Seiten, ISBN: 978-3-374-02361-5

Band 6 Jörg Rudolph, Frank Drauschke und Alexander Sachse: Hingerichtet in Moskau. Opfer des Stalinismus aus Sachsen 1950–1953
2007, 192 Seiten, ISBN: 978-3-374-02450-6

Der Sächsische Landesbeauftragte für die Unterlagen des Staatssicherheitsdienstes der ehemaligen DDR

Martin Jankowski

Der Tag, der Deutschland veränderte

9. Oktober 1989

EVANGELISCHE VERLAGSANSTALT
Leipzig

Die Deutsche Bibliothek – Bibliographische Informationen
Die Deutsche Bibliothek verzeichnet diese Publikation in der Deutschen
Nationalbibliographie; detaillierte bibliographische Daten sind im Internet
über <http://dnb.ddb.de> abrufbar

© 2007 by Evangelische Verlagsanstalt GmbH, Leipzig
Printed in Germany · H 7180
Alle Rechte vorbehalten
Gesamtgestaltung: behnelux gestaltung, Halle
Umschlagfoto: Gerhard Gäbler, Leizig
Bild im Innencover: Reiner Tetzner
Druck und Binden: Clausen & Bosse, Leck

ISBN 978-3-374-02506-0
www.eva-leipzig.de

www.lstu-sachsen.de

Inhalt

Vorwort (Michael Beleites) 7

Ein deutsches Trauma wird besiegt 14

Die kritische Bewegung 20
Wem gehört die Straße 23
Tapete und Beton 28

Die Wurzeln des Zivilen Ungehorsams 33
Quellen des Muts 36
Jeden Montag 17 Uhr 44

Die kritische Masse 59
Geburtstagstrubel 65
Vor dem Sturm 73
Unsere Zukunft hat schon begonnen 74

Anatomie des Wendepunkts 80
Ouvertüre 80
Chronik eines Volksaufstands 86
Nachhall 117

Die Folgen eines Oktobertags 121
Friedensengel und Heldensagen 124
Friedliche Revolution – ab sofort im ganzen Land 130

Eine gelungene deutsche Revolution 141
Was bewirkte der 9. Oktober 1989? 144
Der blinde Fleck 149

Anhang
Zeittafel 152
Personenregister 154
Basisgruppenliste 160
Literaturverzeichnis 161
Filmverzeichnis 171
Zum Autor 172

Vorwort

Dass der Leipziger 9. Oktober des Jahres 1989 zu einem »Tag der Entscheidung« für das ganze Land würde, war schon vorher absehbar. Welche Entscheidung fällt, war offen: Würde der Massenprotest mit Panzern und Waffengewalt erstickt, wie im Juni 1953 bzw. erst wenige Monate vorher in Peking? Oder würde nun das Tor zur Freiheit aufgestoßen und die Perspektive der Einheit Deutschlands und Europas eröffnet? Um nicht weniger ging es an jenem 9. Oktober in Leipzig.

Panzer standen am Stadtrand, alles war vorbereitet für eine »chinesische Lösung«. Eine Bürgerkriegsarmee aus Kampfgruppen, Bereitschaftspolizei und Stasi war in der Stadt zusammengezogen. Sie sollte mit den von Woche zu Woche anschwellenden Montagsdemonstrationen »endgültig und wirksam« Schluss machen – und zwar »mit der Waffe in der Hand!« So stand es wenige Tage vorher im »Organ der SED-Bezirksleitung«, der Leipziger Volkszeitung. Mit Leipzig bangte und hoffte man im ganzen Land.

Trotz der extremen Bedrohung, trotz der offenkundigen Lebensgefahr kamen über 70 000 Menschen zur mit Abstand größten Demonstration, die die DDR bis dahin seit dem Juniaufstand von 1953 gesehen hatte. »Keine Gewalt« und »Wir sind das Volk« waren die prägenden Rufe der Demonstranten. Das »Wunder von Leipzig« geschah: Die machtvolle Demonstration zog über den Leipziger Ring, ohne dass es von den über 3 000 bereitstehenden bewaffneten Einsatzkräften einen einzigen Versuch gab, sie aufzuhalten. Allein die unerwartet hohe Zahl der Demonstranten zwang das Gewaltpotenzial des SED-Staates zum Rückzug. Aber auch Aufrufe zur Gewaltfreiheit auf beiden Seiten spielten eine wichtige Rolle. Mit dem Leipziger 9. Oktober war der Durchbruch zur Friedlichen Revolution des Herbstes 1989 erreicht – für die gesamte DDR.

Der 9. Oktober war weder der Auftakt noch der Abschluss der Friedlichen Revolution. Er war der entscheidende Wendepunkt: Vorher hatten sich Bürgerbewegungen gegen das SED-Regime formiert; vorher hatten die bislang gegenläufigen Zielrichtungen der Proteste (»Wir wollen raus!« und »Wir bleiben hier – Reformen wollen wir!«) ihre Kräfte gebündelt; vorher gab es fast täglich neue und größere Demonstrationen, doch fast jede Demonstration war von Polizei und Stasi mit gewaltsamen Übergriffen und Festnahmen aufgelöst worden, es gab zahlreiche Verletzte und massenhaft Misshandlungen von Inhaftierten. Nach dem 9. Oktober konnten sich in der Hoffnung auf einen gewaltfreien Verlauf regelmäßige Demonstrationen auf das ganze Land ausdehnen. Diese nahezu flächendeckenden Massendemonstrationen haben den exponierten »Bürgerrechtlern« das Mandat und die Durchsetzungskraft verliehen, im nun möglichen Dialog mit den Machthabern Reformen zu erwirken, die über Grenzöffnung, Politbüro-Rücktritt und Stasi-Auflösung in rascher Folge zu freien Wahlen und schließlich zum Ende der DDR führten. Es waren insbesondere die Wochen vor dem Mauerfall, die bei einer Mehrheit der Menschen im Osten Deutschlands das Gefühl hinterlassen haben, Freiheit und Demokratie selbst errungen zu haben.

Zum ersten Mal in der Geschichte ist auf gewaltlose Weise und von innen her eine Diktatur gestürzt worden. Der Befreiungsprozess, der in Polen begann und schließlich zum Ende des Sowjetkommunismus insgesamt führte, hat mit der von den Leipziger Demonstranten erreichten Wende für die DDR einen entscheidenden Durchbruch erfahren. Ohne die Perestrojka-Politik Michail Gorbatschows – auf den sich die damaligen Demonstranten mit ihren »Gorbi-Gorbi«-Rufen ausdrücklich bezogen hatten – wäre ein gewaltfreier Systemwechsel in Ostdeutschland nicht möglich gewesen. Dennoch: Die Träger der Friedlichen Revolution waren die mutigen Menschen auf den Straßen. In besonderer Weise gilt das für diejenigen, die am 9. Oktober 1989 trotz der Gewaltandrohung des SED-Regimes entschlossen und friedlich über den Leipziger Innenstadtring zogen.

Der Leipziger 9. Oktober als der Durchbruch zur Friedlichen Revolution in der DDR wird im Hinblick auf die deutsche und europäische Geschichte als »Wendepunkt«, als »Tag der Entscheidung« oder als »Schicksalstag« bezeichnet. In erster Linie war es der Entscheidungstag für die Selbstbefreiung der Ostdeutschen. Wenn das Wort »Befreiung« nicht schon so abgegriffen und missbraucht wäre, wäre der 9. Oktober wohl am ehesten als »Tag der Befreiung« zu bezeichnen. Da die Freiheit eine Voraussetzung für die Einheit war, markiert nicht der Mauerfall am 9. November 1989, sondern der Leipziger 9. Oktober die historische Zeitenwende: Das Ende des Kalten Krieges und des Sowjetkommunismus, das Ende des »Jahrhunderts der Diktaturen« in Europa und das Ende der deutschen wie der europäischen Teilung – ebenso wie den Anfang einer freien und demokratischen Entwicklung eines vereinigten Deutschlands in einem vereinigten und demokratischen Europa. Das Entscheidende dieses bahnbrechenden Ereignisses besteht aber nicht nur in seiner Wirkung und seiner historischen Konstellation. Entscheidend war ebenso die unglaubliche Kraft und Motivation der beteiligten Menschen. Es waren Individuen, die sich – jeder für sich allein – dafür entschieden hatten, trotz der bedrohlichen Gefahren in die Leipziger Innenstadt zu kommen. Das »Wunder von Leipzig« war nur möglich, weil 70 000 Menschen bewusst ihr Leben riskiert haben! Wo sonst sind Bürgermut und die Kraft gewaltfreien Widerstands eindrücklicher demonstriert worden als an jenem Schicksalstag in Leipzig?

Viel ist bereits über den Leipziger 9. Oktober des Jahres 1989 geschrieben worden und es wird sicher auch weiterhin zu diesem Datum geforscht und publiziert. Das Ziel dieses Buches ist es, eine kompakte Übersicht zur Ereignisgeschichte vorzulegen, die den derzeitigen Erkenntnisstand zusammenfasst und sich an eine breite Leserschaft richtet. Hervorzuheben ist, dass der Autor dieses Buches, Martin Jankowski, selbst an jenem Tag aktiv am Geschehen beteiligt war, das Friedensgebet in der Leipziger Nikolaikirche mitgestaltet hat und er bereits Jahre vorher den Leipziger oppositionellen Gruppen angehörte, die die Vorgeschichte des 9. Oktober 1989 beeinflusst und geprägt haben.

Gewiss, es ist ungewöhnlich, dass die historische Bewertung durch einen Zeitzeugen und Akteur des Ereignisses vorgenommen wird – aber genau darin liegt auch eine besondere Chance: Jemand, der selbst dabei war, weiß die Atmosphäre des Tages und den Stellenwert der damals anstehenden Fragen einzuordnen; aus einer solchen Erfahrung können Aspekte einfließen, die der reinen Aktenforschung verborgen bleiben. In der Verbindung aus Zeitzeugen-Perspektive und rückschauender Analyse der historischen Fakten kommt der Autor auch zu neuen und interessanten Interpretationen. So verdient sein Hinweis, dass es nicht nur Leipziger waren, die in Leipzig demonstrierten, ebenso Beachtung, wie die Einordnung der Friedlichen Revolution als einen Höhepunkt der internationalen Geschichte des gewaltfreien Widerstands. Ob man alle Schlussfolgerungen Martin Jankowskis teilt oder nicht: Seine Position resultiert aus eigener Erfahrung und sein Buch ist eine authentische Stimme, die im weiteren Diskurs über die

Leipziger Ereignisse der Friedlichen Revolution einen festen Platz einnehmen wird.

Martin Jankowski gehört nicht nur zu den Akteuren des Leipziger Herbstes, er gehört auch zu denen, die schon frühzeitig die geschichtliche Bedeutung des 9. Oktober 1989 erkannt und diskutiert haben. An dieser Stelle sei dem Autor für seine engagierte Arbeit gedankt. Ebenso gilt mein Dank allen, die Martin Jankowski bei seinen Recherchen unterstützten, die Dokumente und Fotos zur Verfügung stellten. In besonderer Weise ist hier das Archiv Bürgerbewegung Leipzig zu nennen, das seit vielen Jahren mit großer Professionalität Dokumente zu den oppositionellen Gruppen der DDR und zur Friedlichen Revolution sammelt und für Forschung und politische Bildung zur Verfügung stellt.

Der 9. Oktober 1989 steht für Freiheit, für Gewaltlosigkeit, für Zivilcourage, für Solidarität und für die Zeitenwende am Ende des 20. Jahrhunderts. Dieser Tag symbolisiert vieles, auf das wir in Deutschland und Europa stolz sein können. Der 9. Oktober war ein Ereignis, mit dem sich alle, denen die genannten Werte etwas bedeuten, identifizieren können – ein Tag, der die Menschen nicht trennt, sondern eint. Möge dieses Buch dazu beitragen, den 9. Oktober 1989 als ein herausragendes Datum der deutschen Geschichte im öffentlichen Bewusstsein zu verankern.

Michael Beleites	Sächsischer Landesbeauftragter für die Stasi-Unterlagen

Demonstration am 9. Oktober 1989.

Ein deutsches Trauma wird besiegt

»*Es breitete sich eine revolutionäre Situation aus, in der sich die Massen zu historischem Handeln gedrängt sahen. Das Fanal dazu kam aus Leipzig.*« (Ilko-Sascha Kowalczuk)

»*Dieser Tag war der Auslöser für all das, was danach kam.*«
(Kurt Masur)

Deutschlands Osten im vierzigsten Jahr der sozialistischen Staatsgründung: Im Herbst 1989 prasselt eine wachsende Zahl unterschiedlichster Protestaktionen auf das politische System der Deutschen Demokratischen Republik ein. Der ostdeutsche Nachkriegsstaat wird von den alternden Apparatschiks der Sozialistischen Einheitspartei Deutschlands mühsam auf einem überkommenen *status quo* gehalten: Ein potemkinscher Staat. Doch die Vormundschaft der SED-Greise wird von den Ostdeutschen immer offener in Frage gestellt, das Volk erobert die Straße. Welche der zahllosen Protestaktionen schließlich den raschen Untergang der »Diktatur des Proletariats« auslöst, lässt sich auch rückblickend nicht feststellen – zu verwoben waren lokale und internationale Ereignisse, zu sehr griffen innerer Widerstand, wirtschaftliche Zerrüttung und internationale Machtverschiebungen bei diesem Prozess ineinander. Alle waren letztendlich von der Komplexität und Dynamik der Vorgänge überrascht. Dennoch leuchtete aus dem verwirrend vielfältigen Geschehen, und leuchtet bis heute, ein Ereignis besonders hervor: Besonders, weil es weder spontan noch zufällig zu Stande kam, weil es in Form und Dramatik einmalig war und aus heutiger Sicht mehr als nur lokale oder symbolische Bedeutung besitzt.

Fragt man einen beliebigen Deutschen: »Was geschah am 9. Oktober 1989?« kommt meistens eine Gegenfrage zur Antwort: »Sie meinen den 9. *November* 1989?« Nein, es geht diesmal nicht um den Mauerfall. Es geht auch nicht um den staatlichen Verwaltungsakt einer Vertragsunterzeichnung, an den uns der *Tag der deutschen Einheit* erinnern will. Es geht um den Tag, der die Voraussetzungen für Mauerfall und Wiedervereinigung schuf. Am 9. Oktober 1989 machten sich siebzigtausend unzufriedene Ostdeutsche aus weiten Teilen des Landes nach Leipzig auf, um in einem Akt zivilen Ungehorsams[1] dem SED-System entgegenzutreten. Das Ungewöhnliche an dieser Situation: Die »bewaffneten Organe« hatten Tage zuvor öffentlich angekündigt, von den Schusswaffen Gebrauch machen zu wollen, falls jemand es erneut wagen sollte, auf den Straßen von Leipzig zu demonstrieren. Die nahezu aus der gesamten DDR herbeiströmenden Demonstranten wagten an diesem Tag den offenen Volksaufstand. Voller Angst, aber entschlossen und friedlich traten sie den bereitstehenden Kompanien entgegen. Das ganze Land hielt den Atem an. Exakt einen Monat später fiel die Berliner Mauer, keine zwei Monate später musste die SED-Vormundschaft abdanken und einer freien und demokratischen Entwicklung weichen.

»Heldenstadt« nannte der Ostberliner Schriftsteller Christoph Hein Leipzig – mit damals für jedermann nachvollziehbarem Respekt in der Stimme. Er tat es, was nicht ohne Bedeutung ist, auf dem Berliner Alexanderplatz. Hunderttausende Ostberliner und ihre Gäste jubelten am 4. November 1989 seiner freundlich-ironischen Belobigung aus Dankbarkeit für den Mut und die Folgen des 9. Oktobers zu. Niemals vorher oder nachher hat ein Berliner so offen und unwidersprochen gewürdigt, was in der sächsischen Messestadt geschah: Dass die Verhältnisse sich ändern mussten, war der Mehrheit im Lande seit langem bewusst. Dass das auch möglich war, galt seit jenem 9. Oktober.

Im Sommer 1990 hatte schließlich die erste (und einzige) frei gewählte Volkskammer der DDR über einen Beitrittstermin der DDR zur Bundesrepublik Deutschland zu

---

[1] Aus Gewissensgründen gewaltfrei vollzogener Verstoß gegen geltendes Gesetz, juristische Strafen werden bewusst in Kauf genommen. Begriff und Theorie erstmals 1849 im Essay »Civil Disobedience« des Amerikaners Henry David Thoreau.

entscheiden. Deren damaliger Vizepräsident Reinhard Höppner, später Ministerpräsident von Sachsen-Anhalt, berichtet, dass zunächst eine Mehrheit quer durch die Fraktionen dafür war, im Gedenken an den folgenreichen 9. Oktober 1989 dessen einjährige Wiederkehr für die Unterzeichnung des Einigungsvertrages auszuwählen und damit als gesamtdeutschen Nationalfeiertag vorzuschlagen. Die allgemeine Unlust, noch einen 41. Jahrestag der DDR begehen zu müssen (der am 7. Oktober 1990 angestanden hätte), verhinderte jedoch letztlich, dass der Beitritt am 9. Oktober 1990 unterzeichnet wurde. Man einigte sich auf den für alle Beteiligten nächstmöglichen, geschichtlich neutralen Termin des 3. Oktobers.[2]

Mit den Jahren sind derlei Überlegungen ebenso wie das euphorische Lob Christoph Heins in den Hintergrund getreten oder zur Höflichkeitsgeste geschrumpft. Selbst weiter zurückliegender Dinge mit weit geringerer Bedeutung wird heute in der deutschen Hauptstadt aufmerksamer gedacht. Sicher ist Berlin der angemessene (möglicherweise auch bequemere) Ort für die kollektive Selbstwahrnehmung der heutigen Deutschen und ihr Nationalbewusstsein, doch die gemeinsame deutsche Geschichte ist eben nicht auf einen Ort beschränkt und sie beginnt nicht erst mit dem Mauerfall. Die Bezeichnung *Heldenstadt* jedenfalls, Anspielung auf eine sowjetische Sitte aus dem »Großen Vaterländischen Krieg«, bekam mit den Jahren außerhalb Leipzigs oft einen spöttischen Unterton. Jahrzehntelang galt zudem ein anderes Datum als zentrales Ereignis der deutsch-deutschen Geschichtsbetrachtung: Der Volksaufstand in der DDR vom 17. Juni 1953. Zu Zeiten des Kalten Krieges in Westdeutschland aus gutem Grund zum nationalen Feiertag erkoren, ist die Niederschlagung des Juniaufstands im Bewusstsein der Öffentlichkeit heute deutlicher präsent als das gelungene Ende dieser Entwicklung. Warum eigentlich? Der 9. Oktober 1989 überwand das Trauma von den Panzern des 17. Junis: Niemand wagte zu

---

2 Vgl. Höppner: Zukunft gibt es nur gemeinsam, München 2002.

schießen. Wieso ist der erfolgreiche Ausgang der Entwicklung, der *Tag der Entscheidung*, der das Schicksal des SED-Regimes besiegelte und einen Epochenwechsel einleitete, im kollektiven Bewusstsein der Deutschen heute so wenig präsent? Der Frage nach der tatsächlichen Bedeutung des 9. Oktober 1989 will dieses Buch auf den Grund gehen, sie ist bis heute nicht hinreichend beantwortet.

Ein banaler Grund für die mangelnde Präsenz des 9. Oktobers 1989 in unserem kollektiven Gedächtnis mag sein, dass es von den entscheidenden Momenten dieses folgenreichen Machtkampfes kaum Bilder gibt. Es können gar keine symbolträchtigen, Aufsehen erregenden Fotos oder Filmberichte über dieses Ereignis existieren: Dieser Tag schuf selbst erst die Voraussetzungen für eine freie Berichterstattung in und aus der DDR. Wie der Boden unter unseren Füßen bleibt deshalb dieses tragende Element der jüngsten deutschen Geschichte bislang noch weitgehend unsichtbar. Dass dieser Tag jedoch nicht nur aus Sicht nostalgischer Lokalpatrioten als ein historischer *Tag der Entscheidung* gilt, zeigt schon die Einschätzung der DDR-Staatsmacht selbst, die, wie im Folgenden nachzulesen sein wird, die gewaltsame Niederschlagung der Leipziger Proteste an jenem Tag als entscheidenden Schritt zur Disziplinierung eines Landes inszenieren wollte, das seit Monaten in Unruhe lebte. Der 9. Oktober 1989 als Klimax einer komplexen und dramatischen Entwicklung entschied letztlich über Krieg und Frieden, über Freiheit oder Diktatur, über Totalitarismus oder Demokratie, über Kontinuität oder Neuanfang – nicht nur für den Osten Deutschlands. Warum und wie er es vermochte, ist das Thema dieses Buches.

Leider fehlen in den kommunalen Archiven sämtliche Protokolle der Leipziger Bezirkseinsatzleitung aus der bewegten Zeit zwischen dem 18. September und dem 27. November 1989, auch finden sich weder konkrete Aufzeichnungen noch die üblichen Protokolle dieser Zeit bei Polizei, Armee und Staatssicherheit in Leipzig. Durch gezielte Aktenvernichtung schuf man hier offenbar Raum für Legenden. Angesichts vernichteter Unterlagen einerseits und der Fülle unterschiedlicher Augenzeugenberichte andererseits erweist sich die Aufdeckung der Abläufe des 9. Oktobers als Puzzlearbeit ohne Garantie auf Vollständigkeit. Insbesondere die Publikationen des Leipziger Pfarrers Hans-Jürgen Sievers und des Journalisten Ekkehard Kuhn in den Neunziger Jahren sowie die Recherchen von Tobias Hollitzer (Bürgerkomitee Leipzig) und die Materialsammlungen von Uwe Schwabe (Archiv Bürgerbewegung Leipzig) und Christian Dietrich in den letzten Jahren haben hierzu ein Fülle interessanter neuer Details hervorgebracht.[3] Ich selbst lebte seit 1985 in Leipzig, war als junger oppositioneller Musiker und Autor direkt in viele hier beschriebene Vorgänge involviert (u. a. als Ökumenesprecher des so genannten *Trägerkreises* der Leipziger Basisgruppen), arbeitete damals eng mit der Oppositionsszene zusammen und war häufig, auch am 9. Oktober 1989, bei der Gestaltung des Friedensgebets an der Nikolaikirche aktiv. Dass ich selbst als Zeitzeuge und Akteur am *Tag der Entscheidung* in Leipzig beteiligt war, ist deshalb Ausgangspunkt dieses Essays. Ziel dieses Buches ist jedoch vor allem, den heutigen Wissensstand zum 9. Oktober 1989 zusammenzutragen und eine Diskussion anzustoßen, die zu einer Neubewertung der damaligen Ereignisse im öffentlichen Bewusstsein der Deutschen anregen soll.

Man spricht heute regelmäßig von den symbolischen Daten des 9. November 1989, dem Tag des von einer Verwaltungspanne verursachten Mauerfalls[4], und vom 3. Oktober 1990, dem Datum des Verwaltungsakts, mit dem die deutsche Einheit festgeschrieben wurde. Der 9. Oktober 1989 war kein Ergebnis eines verordneten Staatsakts. Was aber sagen uns heute ein paar verwackelte Schwarzweißfotos von einer amorphen Menschenmasse im Dunkel Leipziger Straßen und

3   Vgl. Literaturliste im Anhang.
4   SED-Funktionär Günter Schabowski, ungeübt im Halten von Pressekonferenzen vor unabhängigen Journalisten, erläutert am Abend des 9. Novembers 1989 das neue Reisegesetz der DDR so missverständlich, dass es wegen des spontanen Andrangs in Berlin zur sofortigen Grenzöffnung kommt.

ein paar verrauschte Tonaufnahmen von kaum verständlichen Sprechchören in einem seltsamen Dialekt? Was bedeutet aus heutiger Sicht das ironische Zitat »... die Internationale erkämpft das Menschenrecht« verglichen mit dem späteren Slogan »Deutschland einig Vaterland«? Was für ein Unterschied existiert zwischen »*Wir* sind das Volk« und »Wir sind *ein* Volk«?

Das unscharfe Schwarzweißbild von Leipzig muss gedeutet werden, die Farben des Geschehens müssen sichtbar gemacht und die Stimmen besser verständlich werden. Simple Legenden nach dem irreführenden Motto »Kerzen und Gebete zwangen die Staatsmacht in die Knie« stehen im Gegensatz zu den Fakten. Die Wirklichkeit war komplexer und vor allem stärker. Denn darin waren sich damals nahezu alle Ostdeutschen und sind sich heute deutsche und internationale Historiker weitgehend einig: Die Entscheidung über den Machtwechsel in der DDR und damit für ihr rasches Ende fiel am 9. Oktober 1989. Nachvollziehbar zu machen, wie dies gelingen konnte und warum die Ereignisse des 9. Oktobers von grundlegender Bedeutung für unsere Gegenwart sind, ist Anliegen dieses Buches. All jenen, die an jenem Montagabend in Leipzig ihr Leben riskierten, aber auch all denen, die damals mit ihnen bangten, sei es gewidmet.

Die kritische Bewegung

»... *die Leute [...] wollten einfach nur leben, die wollten Spaß haben, sich frei entfalten – und das konnten sie in diesem Staat nicht.*«
(Uwe Schwabe) [5]

An dem kühlen Herbstmorgen des 9. Oktobers 1989 musste ich früh raus, ein ungarisches Fernsehteam hatte sich angekündigt. Um nicht aufzufallen, kamen sie bereits kurz vor sechs Uhr nach Leipzig Gohlis. Das Kaffeewasser auf dem Gasherd kochte noch nicht, als es an der Wohnungstür klingelte. Die Techniker bauten grelle Scheinwerfer auf dem Stubenofen auf. Draußen machte sich trübe Morgendämmerung breit. Der Reporter befragte mich zu den Aktivitäten und Plänen der Leipziger Oppositionsgruppen, denen ich verbunden war. Dann die entscheidende Frage: »*Glauben Sie, dass es heute Nachmittag wieder zu einer Demonstration kommen wird?*« *Ich zögerte mit meiner Antwort.*

Nach dem montäglichen Friedensgebet in der Woche zuvor, am 2. Oktober in der Nikolaikirche, waren erstmals mehr als zehntausend Demonstranten auf dem Innenstadtring entlang gezogen. Nach der Konfrontation mit Polizeiketten nahe der Reformierten Kirche waren sie in einem Kessel auf dem Platz vor der Thomaskirche von Sondereinsatzkräften aufgerieben worden. Natürlich war die Aktion illegal, Demonstrationen, die nicht von der SED genehmigt oder befohlen waren, galten als Straftaten. Am letzten Montag hatte es Verletzte und zahlreiche Verhaftungen gegeben. »*Wir* sind das Volk!« hatten wir deshalb der *Volks*polizei in dieser Situation erstmals zugerufen – um klarzustellen, dass sie gerade diejenigen bekämpften, die zu schützen sie dem eigenen Namen nach eigentlich den Auftrag hatten – das Volk.[6] Wenige Tage später, am Freitag, den

---

[5] Vgl. Video »Jugend und Politisierung«, in: URL: http://www.jugendopposition.de/index.php?id=1386&no_cache=1&sword_list[]=schwabe, [Stand: 20.06.2007].

[6] Über das Entstehen des Rufes »Wir sind das Volk!« vgl. Jankowski: 2. Oktober 1999 in: Bohse/Hollitzer: Heute vor zehn Jahren, S. 438f., bzw. Jankowski: Rabet oder Das Verschwinden einer Himmelsrichtung, S. 157 ff. »Wir sind EIN Volk« wurde durch eine Kampagne der westdeutschen CDU in die ostdeutschen Demonstrationen eingeführt (vgl. Vanessa Fischers Radio-Feature: URL: www.dradio.de/dkultur/sendungen/laenderreport/421153/), [Stand: 18.06.2007].

6. Oktober[7], war in der *Leipziger Volkszeitung* der Beitrag eines gewissen Günter Lutz, Kampfgruppenkommandeur der Hundertschaft »Hans Geiffert«, erschienen. Unter der Überschrift »Werktätige des Bezirkes fordern: Staatsfeindlichkeit nicht länger dulden« wurden die Demonstranten als »gewissenlose Elemente« bezeichnet, die mit ihren staatsfeindlichen Aktionen arglose Einwohner Leipzigs nach der Arbeit belästigen würden. Kommandeur Lutz bekundete die Kampfbereitschaft seiner Arbeiterkameraden und rief dazu auf »... diese konterrevolutionären Aktionen endgültig und wirksam zu unterbinden. Wenn es sein muss, mit der Waffe in der Hand!«[8] – Das war eine Drohung, die jeder verstand. Der Artikel wurde von Hand zu Hand gereicht. Gerade weil wir ahnten, dass der Kommandeur diesen Text gar nicht selbst oder eben in höherem Auftrag verfasst hatte, ja, dass er nicht einmal existieren musste, begannen wir uns Sorgen zu machen. War das eine taktische Warnung, die uns einschüchtern sollte, oder bereits eine ernst gemeinte Kampfansage? Würden sie es, wie kurz zuvor die chinesischen Genossen auf dem Platz des Himmlischen Friedens in Peking, wagen mit Waffengewalt gegen uns Demonstranten vorzugehen? Das war durchaus denkbar.

Am *Tag der Republik* schließlich, dem 7. Oktober, hatte die Polizei mehrere Tausend Demonstranten mit Hunden und Wasserwerfern durch Leipzig gejagt, Hunderte wurden verhaftet, genaue Zahlen gab es nicht. Das war zwei Tage zuvor. Der Siedepunkt schien erreicht. Würde es am Montag nach dem Friedensgebet erneut zu einer Demonstration auf dem Innenstadtring kommen? Der Dynamik der Protestbewegung nach zu urteilen, war diese Frage zu bejahen. Denn um den Nationalfeiertag war es auch in Ostberlin, Dresden und anderswo zu heftigen Unruhen gekommen, es gab Straßenschlachten und Verhaftungen. Vieles davon hatte sich herumgesprochen, von manchem hatte man in den West-Nachrichten

---

7   Der 6. Oktober war letztmöglicher Veröffentlichungstermin vor der Montagsdemonstration am 9. Oktober; der 7. war Staatsfeiertag und der 8. war ein Sonntag.
8   »Staatsfeindlichkeit nicht länger dulden«, Leipziger Volkszeitung vom 6. 10. 1989.

Werktätige des Bezirkes fordern:

Staatsfeindlichkeit nicht länger dulden

Die Angehörigen der Kampfgruppenhundertschaft „Hans Geiffert" verurteilen, was gewissenlose Elemente seit einiger Zeit in der Stadt Leipzig veranstalten. Wir sind dafür, daß die Bürger christlichen Glaubens in der Nikolaikirche ihre Andacht und ihr Gebet verrichten. Das garantiert ihnen unsere Verfassung und die Staatsmacht unserer sozialistischen DDR. Wir sind dagegen, daß diese kirchliche Veranstaltung mißbraucht wird, um staatsfeindliche Provokationen gegen die DDR durchzuführen. Wir fühlen uns belästigt, wenn wir nach getaner Arbeit mit diesen Dingen konfrontiert werden.

Deshalb erwarten wir, daß alles getan wird, um die öffentliche Ordnung und Sicherheit zu gewährleisten, um die in 40 Jahren harter Arbeit geschaffenen Werte und Errungenschaften des Sozialismus in der DDR zu schützen und unser Aufbauwerk zielstrebig und planmäßig zum Wohle aller Bürger fortgesetzt wird. Wir sind bereit und Willens, das von uns mit unserer Hände Arbeit Geschaffene wirksam zu schützen, um diese konterrevolutionären Aktionen endgültig und wirksam zu unterbinden. Wenn es sein muß, mit der Waffe in der Hand!

Wir sprechen diesen Elementen das Recht ab, für ihre Zwecke Lieder und Losungen der Arbeiterklasse zu nutzen. Letztlich versuchen sie damit nur, ihre wahren Ziele zu verbergen.

Kommandeur GÜNTER LUTZ
im Auftrag der
Kampfgruppenhundertschaft „Hans Geiffert"

Kampfansage an die Demonstranten in der Leipziger Volkszeitung.

gehört. Wie also würden die Leipziger Demonstranten auf die Ankündigung des Kampfgruppenkommandeurs Lutz reagieren?

»*Glauben Sie, dass es heute wieder zu einer Demonstration kommen wird?*« *fragte mich der ungarische Reporter. Ich erklärte, dass für den Nachmittag erstmals Friedensgebete in mehreren Kirchen der Leipziger Innenstadt gleichzeitig geplant waren. Ob das die Situation entspannte oder verschärfte, vermochte ich nicht zu beurteilen. Ebenso wenig, ob es danach wieder zu einer Demonstration kommt. Doch ich war mir sicher: Wenn es zu einer Demonstration kommen würde, entschied sich an diesem Tag das Schicksal unseres Landes: Dann hätten wir entweder Bürgerkrieg oder das Ende des SED-Staates. – Der ungarische Reporter wartete kaum meine Antwort ab, ließ die Kamera abschalten und fragte mich, ob ich ihm und seinem Team raten würde, in der Stadt zu bleiben.*

Wem gehört die Straße?
Die Frage, wie sich die Demonstranten in Leipzig verhalten würden, war nicht einfach zu beantworten. Doch seit Jahrzehnten existierte im Osten Deutschlands eine Tradition der Auseinandersetzung mit dem realsozialistischen System. Es gab eine kontinuierlich gewachsene *kritische Bewegung*, eine Widerstandskultur, deren Wurzeln zeitlich und räumlich über die DDR hinausreichten. Die *kritische Bewegung* war jenes heterogene Milieu in der DDR, das über den kleinen Kern von aktiven Dissidenten und Bürgerrechtsgruppen hinaus all jene umfasste, die sich durch ihr Selbstverständnis in skeptischer Distanz oder auch aktiver Differenz zum Staat sahen. Protagonisten der *kritischen Bewegung* unterschieden sich schon dadurch von einverstandenen bzw. akzeptierenden Staatsbürgern, dass sie die vom System proklamierten und eingeforderten Wertmaßstäbe (»sozialistisch«, »klassenbewusst«, »fortschrittlich«) nicht fraglos übernahmen, sondern aus verschiedensten Gründen (politischen, religiösen, wirtschaftlichen) nach eigenen Maßstäben urteilten und gegebenenfalls auch handelten. Die *kritische Bewegung* definiert also vor allem eine innere Skepsis gegenüber dem politischen System, die bei den meisten Dazugehörigen jedoch oft erst in besonderen Entscheidungssituationen zu offen oppositionellem Verhalten führte. Festzuhalten bleibt: Selbst in den wenigen organisierten Oppositionskreisen stand stets die Kritik am System im Vordergrund, also seine Verbesserung, nicht die prinzipielle Gegnerschaft. Eine handlungsfähige Gruppe, die das

Ziel hatte, den Staat grundlegend in Frage zu stellen und die in der Lage gewesen wäre eine politische Alternative zu bieten, hat es in der DDR nach dem Mauerbau 1961 nicht gegeben.

Natürlich verfügte die kritische Bewegung weder über eingeschriebene Mitglieder noch über feste Statuten und war in jeder Hinsicht wandelbar und dynamisch. Doch sie war eine Art amorpher Gegenöffentlichkeit, besaß ganz ohne institutionelle Strukturen enormen gesellschaftlichen Einfluss und trug erste Grundzüge einer offenen Zivilgesellschaft. Die Genese dieser kritischen Bewegung, die heute wie ein Ferment unsere gesamtdeutsche Realität durchdringt, wird an zwei Ereignissen deutlich, die ihren Aufbruch und ihren endgültigen Durchbruch bedeuten: Der 17. Juni 1953 und der 9. Oktober 1989.

Öffentliche Zweifel an der SED-Herrschaft äußerten sich erstmals massenhaft und öffentlich am 17. Juni 1953. Zuerst wurde spontan gestreikt und demonstriert. Beides war illegal. Die über die staatlichen Arbeitsnormerhöhungen verärgerte Menge erstürmte bald nicht nur in Ostberlin Straßen und öffentliche Gebäude, im ganzen Land machte sich der Unmut über die SED-Politik Luft: Über eine Million Menschen protestierten damals in fast 700 Städten und Gemeinden gegen die SED-Politik. Nicht überall blieben die Proteste friedlich, mancherorts plünderte man Funktionärsbüros und griff Militärfahrzeuge an. Die Staatsmacht reagierte mit entschiedener Gewalt, die Sowjetarmee ließ Panzer auffahren und die Proteste blutig beenden. Landesweit kamen in Straßenkämpfen über 50 Menschen ums Leben, 18 wurden standrechtlich erschossen. Landesweit wurden ca. 15 000 Menschen verhaftet, etwa 1800 von ihnen rechtskräftig verurteilt.[9]

Dieser erste Volksaufstand, der in seinem Verlauf von westdeutschen Rundfunkanstalten begleitet und unterstützt wurde, erschien vielen bereits als das Ende der *kritischen*

---

9 Vgl. Ahrberg, Hertle, Hollitzer: »Die Toten des Volksaufstandes vom 17. Juni 1953«, Münster 2004.

Bewegung. Doch die bitteren Erfahrungen vertieften sich: Der Versuch Ungarns, einen freiheitlichen Sozialismus zu schaffen, endete im Oktober 1956 nach nur zehn Tagen mit dem Einmarsch sowjetischer Panzer. Der Reformpolitiker Imre Nagy und 350 weitere Aufständische wurden hingerichtet, Tausende inhaftiert. Die Ereignisse blieben in der DDR nicht ohne Wirkung – die Angst vor der Gewalt Moskaus und vor den »Bruderstaaten« des Warschauer Pakts war nun allgegenwärtig. Und spätestens mit der Beendigung des Prager Frühlings durch die Truppen des Warschauer Pakts am 21. August 1968 schienen die Hoffnungen auf Veränderung endgültig begraben. Obwohl die Truppen der Nationalen Volksarmee (NVA) der DDR nicht aktiv an der Besetzung Prags teilnahmen [10], waren viele Ostdeutsche schockiert, dass sich der SED-Staat bereitwillig an der Niederschlagung des freiheitlichen Sozialismus beteiligte. Dubčeks Reformen wurden von vielen mit Neid beobachtet: Sozialistische Marktwirtschaft, Dritter Weg – das waren Ideen, die nicht nur Osteuropäer begeisterten. Die Prager Regierung wurde verhaftet und im Handstreich nach Moskau überführt.

Was in der Tschechoslowakei weitgehend unbemerkt blieb: Im Osten Deutschlands entstand eine große Sympathiewelle. Zwischen dem 21. August und dem 4. September 1968 registrierte das Innenministerium der DDR 1075 »Täter«, die öffentlich gegen den Einmarsch in Prag protestierten, mindestens 468 Menschen wurden inhaftiert. Die Niederschlagung des Prager Frühlings war das Ende der Hoffnung auf einen »menschlichen Sozialismus«. Die Idee des Dritten Wegs jenseits von westlicher Marktwirtschaft und »Realexistierendem Sozialismus« wurde jedoch immer wieder aufgegriffen: Noch im Herbst 1989 war der Dritte Weg ein Konzept, das an den Runden Tischen der untergehenden DDR diskutiert wurde – bis man feststellte, dass die Entwicklung unumkehrbar in eine andere Richtung ging.

---

10 Sie warteten einsatzbereit an der erzgebirgischen Grenze zur Tschechoslowakei, kamen aber größtenteils nicht zum Einsatz.

Frühling im Herbst: ein Leipziger Plakat vom November 1989.

Mit Walter Ulbrichts Ablösung 1971 keimten Hoffnungen auf demokratische Veränderungen im Osten Deutschlands. Erich Honeckers Machtantritt brachte Lockerungen im Hinblick auf die Konsumwünsche der »arbeitenden Bevölkerung«, er schien eine liberalere Kulturpolitik zu befürworten: Plötzlich konnten kritische Bücher wie Ulrich Plenzdorfs: »Die neuen Leiden des jungen W.« veröffentlicht werden. Doch ab 1976 häuften sich die Verbote wieder, weitere kritische Bücher[11] konnten nicht erscheinen. Honecker erwies sich als »Stalinist neuen Typs«, der das Regime nur mit etwas Zuckerguss überzog. Resignation machte sich breit: Die Niederschlagung des ersten Volksaufstandes, der Mauerbau, die Zerschlagung des Ungarnaufstands, die gewaltsame Beendigung des Prager Frühlings – die Entwicklung in Osteuropa ließ keine Chance auf freiheitliche Verhältnisse. Die Parteifunktionäre herrschten

---

11 Von Stefan Heym, Bettina Wegner, Günter Kunert, Jurek Becker u. a. m.

von Rostock bis Wladiwostok. Nur vor dem Hintergrund dieser Erfahrungen können wir heute die ungeheure Wirkung des 9. Oktobers 1989 im Sinne eines zweiten Volksaufstandes angemessen bewerten: Niemand glaubt, dass die Diktatur der Funktionäre überwindbar wäre. Schon gar nicht mit friedlichen Mitteln.

Auftrieb kam damals aus unerwarteter Richtung: Von 1973 an tagte auf Initiative der Sowjetunion die Konferenz für Sicherheit und Zusammenarbeit (KSZE). Für eine Anerkennung der Nachkriegsordnung und den Handel mit dem Westen war man zu Zugeständnissen bereit. Durch die Unterzeichnung der Schlussakte von Helsinki 1975 entstand östlich des Eisernen Vorhangs erstmals ein völkerrechtlicher Anspruch auf grundlegende Menschenrechte. Doch das Manöver erwies sich als Lippenbekenntnis der DDR-Regierung. Mit dem Alltag hinter der Mauer hatte es nichts zu tun. Dann folgte ein ideologischer Paukenschlag: Die Ausbürgerung des Liedermachers Wolf Biermann am 13. November 1976. Dessen jahrelanges Arbeitsverbot hatte auch Honecker nicht aufgehoben. Die handstreichartige Ausgrenzung des Dichtersängers, der sich selbst als Kommunist verstand, wurde zum Anstoß für die Entwicklung eines neuen oppositionellen Geistes: Waren vorher viele Intellektuelle der DDR in kritischer Sympathie verbunden, wandelte sich diese nun in Zweifel an den guten Absichten der SED-Herrschaft und der Entwicklungsfähigkeit des sozialistischen Systems überhaupt. Viele Prominente verließen die DDR in Richtung Westdeutschland – der Beginn einer neuen, stetig wachsenden Ausreisebewegung, die von da an nie mehr abreißen sollte. Das Ende der Episode sei hier vorweggenommen: Kaum zwei Monate nach dem 9. Oktober 1989 gab Wolf Biermann, nach fast fünfundzwanzig Jahren Zwangspause, vor mehr als 6000 Zuhörern erstmals wieder ein Konzert in der DDR – aus guten Gründen in Leipzig.[12]

---

12 1. Dezember 1989, Messehalle 4.

Wolf Biermann bei seinem Auftritt in Leipzig am 1. Dezember 1989.

Tapete und Beton

Zwei Jahre nach Biermanns Ausweisung wurde ein Bürger eines sozialistischen Staates Oberhaupt der katholischen Weltkirche: Der Krakauer Kardinal Woytiła wird Papst. Das katholisch geprägte Polen gerät in Bewegung. 1980 geht aus den Werftstreiks in Danzig die erste freie Gewerkschaft Osteuropas, die *Solidarność*, hervor. Arbeiter setzen sich gegen den »Arbeiter-und-Bauernstaat« durch – eine politische Sensation! Mit der Verhängung des Kriegsrechts im Dezember 1981 und dem Verbot der *Solidarność* will die polnische Führung ihre Macht erhalten.[13] Doch im Mai 1989 kann die *Solidarność* ihre Legalisierung und die Zulassung zu den Wahlen erzwingen. Das macht in der DDR starken Eindruck: Erste Pläne für politisch freie Bewegungen (z. B. für eine Sozialdemokratische Partei der DDR) machen die Runde, freilich noch weit von »polnischen Verhältnissen« entfernt.

---

13 Oder »einen sowjetischen Einmarsch verhindern«, wie der damalige Regierungschef General Jaruzelski sich heute rechtfertigt.

Für die Dissidentengruppen der DDR ist jedoch auch eine andere Institution eines »sozialistischen Bruderstaats« Vorbild: Die tschechoslowakische Bürgerrechtsbewegung *Charta 77*. Mit der namensgebenden Petition über Menschenrechtsverletzungen startet die Gruppe 1977 ihren Widerstand. Obwohl in der ČSSR die schützenden Räume der Kirchen kaum zur Verfügung stehen, schaffen Veteranen des Prager Frühlings wie Ex-Außenminister Hajek oder Jiři Dienstbier, Philosophen wie Jan Patočka und Künstler wie Václav Havel ein intellektuelles Forum, mit dem die realsozialistischen Verhältnisse öffentlichkeitswirksam kritisiert werden. Angehörige und Sympathisanten der *Charta* werden überwacht, bedroht, mit Berufsverbot belegt, inhaftiert oder ausgebürgert – doch die meisten von ihnen bleiben trotz aller Repressalien und schwerer Nachteile für ihre Familien aktiv. Mit Kunstaktionen, mit Samisdats[14], einer effektiven Informations- und Öffentlichkeitsarbeit (stets konspirativ weil offiziell illegal), klugen politischen Statements und Initiativen gelingt es der *Charta 77* europaweit politische Diskussionen anzuregen.

Am 11. März 1985 wird in Moskau der vergleichsweise junge Parteifunktionär Michail Gorbatschow zum Generalsekretär der KPdSU gewählt. Bald darauf erfolgt der sowjetische Truppenabzug aus Afghanistan, der 1980 inhaftierte und später nach Gorki verbannte Dissident Sacharow kommt frei, die Schlagworte Perestroika (dt.: Umbau) und Glasnost (dt.: Transparenz) ziehen in den europäischen Sprachgebrauch ein. Zum ersten Mal seit dem 17. Juni 1953 wagt man in der DDR wieder, über eine Politik jenseits der Moskauer Vormundschaft nachzudenken. Bei den Apparatschiks im Zentralkomitee der SED heißt das allerdings *Sozialismus in den Farben der DDR* – »Würden Sie die Tapete wechseln, nur weil Ihr Nachbar renoviert?« fragt SED-Chefideologe Hager im April 1987 öffentlich und macht damit deutlich, wie wenig man von Gorbatschows Reformideen hält. Die Parole »Von

---

14 Aus dem Russischen: Selbstverlag; illegale, handgemachte Druckerzeugnisse.

Solidarität mit der ČSSR – Berliner Banner am 28. Oktober 1989.

der Sowjetunion lernen, heißt siegen lernen« ist, wenn es um Demokratisierung geht, nicht länger aktuell. Manch einer fragt sich inzwischen ernsthaft, ob die DDR überhaupt reformierbar ist. Der Unmut über den »Betonkurs« der SED wächst, die *kritische Bewegung* fühlt sich durch Gorbatschow bestätigt und bestärkt.

Als im November 1987 Mitarbeiter der alternativen Umweltbibliothek an der Ostberliner Zionskirchgemeinde durch die Staatssicherheit beim Druck des Untergrundblättchens *grenzfall* gestellt werden sollen, nimmt man sieben Öko-Aktivisten fest, zwei von ihnen werden in Untersuchungshaft gebracht. Im Protest gegen deren Verhaftung entwickelt sich eine breite Solidarität: Mahnwachen an der Zionskirche appellieren an die evangelische Kirchenleitung, sich für ihre inhaftierten Mitarbeiter einzusetzen. Solidaritätsandachten im ganzen Land informieren über die Vorgänge, internationale Medien berichten. Schließlich werden die Inhaftierten tatsächlich freigelassen: Die Staatsgewalt beugt sich, nach

Abwägung aller Vor- und Nachteile, erstmals dem öffentlichen Druck. Ein kleiner aber bedeutender Sieg. Nun weht ein anderer Wind, oder besser, von nun an gerät nach Jahren der Flaute die Atmosphäre überhaupt wieder in Bewegung.

Der überraschende Ausgang des Zionskirch-Konflikts zeigt, dass auch die Opposition in der DDR erfolgreich sein kann – wenn sie landesweit solidarisch handelt. Eine Qualität politischen Handelns, die von den verstreut agierenden Dissidentenkreisen bis dahin kaum erreicht wurde: Zu gewichtig waren inhaltliche Differenzen und persönlichen Eitelkeiten, zu groß war der Einfluss der Stasi-Mitarbeiter, die Gruppen unterwanderten und mit künstlich geschürten inneren Konflikten und »Zersetzungsmaßnahmen« lähmten. Neue Qualitäten erhält die *kritische Bewegung* auch, als am 17. Januar 1988 eine Gruppe von Bürgerrechtlern am Ostberliner SED-Gedenkumzug zu Ehren von Rosa Luxemburg und Karl Liebknecht teilnehmen will – uneingeladen und mit Transparenten mit Zitaten der 1919 ermordeten Arbeiterführer (»Freiheit ist immer die Freiheit der Andersdenkenden«). Erstmals bestehen DDR-Bürger während einer offiziellen SED-Veranstaltung öffentlich auf Meinungsfreiheit »innerhalb des Systems« und auf ihr Recht, frei zu demonstrieren. Bevor sie sich in den Zug einreihen können, werden die Aktivisten festgenommen.[15] Doch westdeutsche Kamerateams können filmen, und die Aktion entfaltet trotz allem landesweite Wirkung. Nach der Schlappe mit der Ostberliner Umweltbibliothek will die Staatsgewalt nun hart durchgreifen und verhaftet eine Woche später weitere Oppositionelle. Vorgeworfen wird ihnen u. a. »landesverräterische Agententätigkeit«, die in der DDR Höchststrafen einbringt. Die Verteidigung übernimmt zumeist der Rostocker Rechtsanwalt Dr. Wolfgang Schnur, der als IM »Torsten« zugleich für die Staatssicherheit arbeitet und nun mit geschicktem Falschspiel dafür sorgt, dass die meisten Unruhestifter »freiwillig« in den Westen übersiedeln: So

---

15   Etwa 120 Oppositionelle, Ausreisekandidaten und Bürgerrechtler werden in den folgenden Tagen inhaftiert.

werden langjährige Haftstrafen für Oppositionelle vermieden, die für die DDR kaum von Vorteil gewesen wären.

Doch die erhoffte Ruhe tritt nicht ein. Als die SED-Zensur am 19. November 1988 die sowjetische Zeitschrift *Sputnik* verbietet – in der man Artikel über Glasnost und Perestroika lesen kann – ahnen die ersten, dass sich die SED-Führung weiter vorwagt, als in ihrer Macht steht. Hat sie vergessen, dass ihre Macht auf sowjetischen Panzern basiert? Am 15. Januar 1989 findet in Leipzig auf dem Marktplatz erstmals eine öffentliche Kundgebung der Opposition statt, an der etwa 500 Personen teilnehmen.[16] Die Polizei kann nur den anschließenden Versuch unterbinden, einen Demonstrationszug nach den Prinzipien des zivilen Ungehorsams[17] zu bilden, und verhaftet 53 Personen. 12 Leipziger Oppositionelle waren bereits in den Tagen zuvor bei dem Versuch inhaftiert worden, Flugblätter für diese Aktion zu verteilen. Solidarische Andachten für die Inhaftierten setzen ein: Die Leipziger Friedensgebete erlangen bis zum Sommer 1989 landesweite Bedeutung. Der Weg zum *Tag der Entscheidung* ist eingeschlagen.

---

16 Wiederum zum Gedenken an Luxemburg und Liebknecht.
17 Siehe Anm. 1.

Die Wurzeln des Ungehorsams

»... *ein großer Teil der provokativsten Elemente hat seinen Wohnsitz nicht in unserer Stadt, sondern kommt aus den verschiedensten Gegenden unseres Landes nach Leipzig. ... Leipzig soll [...] zum Tummelplatz dieser Elemente werden, gezielt wird auf die DDR, den Sozialismus, die Partei und ihre Politik.«*
(SED-Bezirkssekretär Dr. Jürgen Pommert am 15. Juni 1989) [18]

Am Nachmittag des 9. Oktobers erschien mir die Atmosphäre in Leipzig noch bedrückender als sonst. Der Schatten einer gewaltsamen Konfrontation lag über der Stadt, Gerüchte von einer militärischen Umzingelung machten die Runde. Es hieß, vor den Toren Leipzigs auf dem Messegelände und in den Gebäuden der Landwirtschaftsausstellung von Markkleeberg seien Massengefängnisse vorbereitet worden. Die Krankenhäuser, so erzählte man sich mit gesenkter Stimme, hätten in großem Umfang Blutkonserven angefordert, alle Chirurgen der Umgebung wären in ständiger Bereitschaft. Der Entwicklung haftete etwas Alternativloses an. Trotz der Bedrohung erschien es uns Unzufriedenen überlebensnotwendig, den Funktionären klarzumachen, dass unsere Kritik berechtigt war und wir uns nicht mundtot machen lassen konnten, dass es so wie bisher nicht weitergehen konnte. Wir wollten uns von den Apparatschiks nicht als Kriminelle und Trunkenbolde demütigen lassen. Die Konfrontation schien unausweichlich.

Jeder wusste, dass den Genossen ein Gewaltapparat zur Verfügung stand, gegen den wir machtlos waren. Unsere einzige Hoffnung war, dass die Wirklichkeit für uns sprach. Weil die ewigen sozialistischen Wahrheiten der Partei mit dem realen Alltag nichts zu tun hatten. Leipzig war die Stadt, in der der Widerspruch zwischen Weltoffenheit und Krise am offensichtlichsten gärte. Auf der einen Seite die Leipziger Muster-Messe, dazu die internationale Buchmesse, die weltberühmte Musikkultur von Thomaskirche und Gewandhaus sowie das vielfältige Studentenleben der Stadt. Auf der anderen Seite die katastrophale Umweltsituation, verfallende Architekturschätze und Wohnviertel,

---

18 Auf einer Leipziger Parteiversammlung; zit. nach Dietrich/Schwabe: Freunde und Feinde, Leipzig 1994, S. 357, Dokument 176.

fehlender Wohnraum, industrielle Misswirtschaft und systematische Versorgungsmängel in den alltäglichsten Dingen. Leipzig am 9. Oktober 1989, das waren die Warteschlangen vor Geschäften und Behörden und der Geruch des Rauchs aus den Schornsteinen hunderttausender Kohleöfen, in denen schwefelhaltige Lausitzer Braunkohle verheizt wurde. Dunst drückte auf die graue Stadt.

Während in der Stadt noch gespenstische Ruhe herrschte, war das Büro am Nikolaikirchhof bereits voller Menschen. Nicht alle von ihnen konnten mit der Vorbereitung des Friedensgebetes zu tun haben. Ich war für 15:30 Uhr zu einer Besprechung in die Superintendentur Leipzig Ost an der Nikolaikirche bestellt. Der Gohliser Friedenskreis hatte mich zur Mitgestaltung des Friedensgebetes eingeladen. Deshalb sollte ich dabei sein, wenn Superintendent Magirius die aktuelle Lage erläuterte und Hinweise für den Ablauf des Tages gab. In der Superintendentur herrschte eine angespannte, konzentrierte Atmosphäre, jeder sprach präzise und leise. Ab und zu kamen neue Leute herein. Ich begriff, dass Menschen aus allen Teilen der Stadt herbeieilten, um neueste Informationen zusammenzutragen. Das Ganze hatte kein System, es geschah spontan, die Nikolaikirchgemeinde war wegen der Friedensgebete zu einer Art Zentrale geworden, an der vieles zusammenlief.

Nikolaipfarrer Christian Führer ergriff das Wort und berichtete, dass das Hauptschiff der Kirche seit etwa 14 Uhr vollständig besetzt sei, und zwar von SED-Genossen, die man nie zuvor in dieser Kirche gesehen hatte. Offensichtlich hatten sie den Auftrag »von oben«, das heutige Friedensgebet »zu besuchen«. Damit möglichst keine Besucher in der Kirche Platz fänden, hatten sie drei Stunden vor Beginn der Andacht im Kirchenschiff Platz genommen. Eine absurde Situation: Ganz Leipzig fieberte dem Friedensgebet um 17 Uhr entgegen, doch die Nikolaikirche war bereits jetzt bis auf wenige Sitzplätze mit Genossinnen und Genossen angefüllt, die selbst nicht zu wissen schienen, was sie in den nächsten Stunden erwartete. Pfarrer Führer hatte, um die Situation zu entspannen, die Genossen in der Kirche willkommen geheißen und erklärt, dass er sich freue, dass auch sie den Weg hierher gefunden hätten, weil die Kirche selbstverständlich immer und für jedermann offenstünde.

Dann bat er um Verständnis, dass er die Aufgänge zu den Emporen sperren lasse, damit für diejenigen, die erst nach Arbeitsschluss kommen konnten, auch noch Sitzplätze zur Verfügung stünden. Die Genossen schwiegen und verhielten sich ruhig.

Im Gemeindebüro der Nikolaikirche setzte uns Superintendent Friedrich Magirius davon in Kenntnis, dass die Stadt von bewaffneten Kräften umstellt sei. Die Zahl von zwanzigtausend NVA-Soldaten schwirrte durch den Raum; der Kirchenjurist Dr. Berger, Vorsitzender des Synodalausschusses für die Basisgruppen, hatte diese Nachricht mitgebracht. Der allseits beliebte Pfarrer meinte, er hätte am Morgen glücklicherweise mit den für die Sicherheit der Stadt Verantwortlichen sprechen können und halte es für seine Pflicht, uns den Ernst der Lage wissen zu lassen. Dass er seit Jahren als inoffizieller Mitarbeiter für die Stasi arbeitete, ahnte in diesem Moment keiner von uns, und so werteten wir seine gezielte Angstmacherei als echte Sorge.

Weitere Nachrichten wurden uns mitgeteilt: Arbeiter eines Leipziger Chemiewerkes hätten gemeldet, dass am Morgen durch die Polizei gut haftende Farbflüssigkeit zum Befüllen von Wasserwerfen konfisziert worden sei, mittels derer man Demonstranten markieren und dingfest machen wolle. Mediziner berichteten Details von den Vorbereitungen auf die Massenversorgung von Schussverletzten.

Superintendent Magirius bat um Vertraulichkeit für alles, was besprochen wurde und berichtete mit besorgter Miene, dass er aus zuverlässigen Quellen Hinweise bekommen hätte, dass bei Zustandekommen einer Demonstration heute Abend auf Anordnung von höchster Stelle von den Schusswaffen Gebrauch gemacht würde. Wir waren bestürzt: Alle Gerüchte, die wir bislang für Panikmache hielten, schienen nun Gewissheit. Niemand erschien uns vertrauenswürdiger als ein Kirchenmann wie Magirius oder der engagierte Rechtsanwalt und Pfarrer Dr. Berger. Es gab keinen Zweifel mehr, dass wir alle in großer Gefahr waren.

Jedem von uns war außerdem klar, dass eine größere Menschenansammlung sich kaum mehr vermeiden ließ – und dass sich das Verhalten der Leute in der Innenstadt nicht sinnvoll koordinieren lassen würde.

Denn obwohl, oder gerade weil niemand die Montagsdemonstrationen organisierte, weil es keinen Kopf der Bewegung gab, existierte auch keine Steuermöglichkeit. Deshalb fühlten wir Veranstalter der Friedensgebete uns umso mehr verantwortlich für das, was der Stadt nun bevorstand.

Superintendent Magirius verwendete uns gegenüber sein Lieblingswort Besonnenheit in beinahe jedem Satz. Er bat darum, alle Handlungen und jegliches Verhalten, das die staatlichen Kräfte in irgendeiner Weise zum Eingreifen motivieren könnten, zu unterlassen. Er sprach von christlicher Verantwortung, die sich heute in besonderem Maße beweisen müsse. Besonders streng ermahnte er uns, die wir das bevorstehende Friedensgebet in der Nikolaikirche zu gestalten hatten, nichts zu äußern oder zu unternehmen, was die Stimmung anheizen und die Genossen irgendwie provozieren könne. Das Friedensgebet hätte die Aufgabe zu versöhnen und erhitzte Gemüter zu beruhigen. Gleichzeitig wurden wir noch einmal gebeten, das uns hier Anvertraute nicht weiter zu tragen, um keine Panikreaktionen heraufzubeschwören.

Wir waren eingeschüchtert: Was von dem, was wir in der Nikolaikirche sagen und tun wollten, könnte unter den Umständen der heutigen Anspannung nicht gefährlich sein? Sollten wir auf strittige Themen verzichten, Probleme nicht zur Sprache bringen, den Drohungen nichts entgegensetzen? Sollten wir eine kreuzbrave Andacht halten, indem wir auf alles, was das Friedensgebet in den letzten Jahren zur wichtigsten Veranstaltung kritisch gestimmter Geister werden ließ, verzichteten? Mussten wir es zu Gunsten des Landesfriedens heute vielleicht sogar? Alles, was wir tun oder sagen wollten, barg in sich ein hochexplosives Konfliktpotenzial: Sowohl die Kirchenfunktionäre, als auch die Genossen und erst recht die Besucher der Friedensgebete hatten besondere Erwartungen an diesen Tag.

Quellen des Muts

Der *Tag der Entscheidung* hat eine Vorgeschichte, deren Facetten beweisen, dass die Entwicklung weder zufällig noch schicksalhaft verlief. Leipzig, einige Monate zuvor: Für den

22. Februar 1989 plante der Friedenskreis Gohlis zum Todestag der Geschwister Scholl einen öffentlichen Gedenkmarsch durch Leipzig. Die Geschwister Scholl waren populär, Straßen, Kindergärten und Schulen trugen ihre Namen, auch in Leipzig-Gohlis. Der öffentliche Gedenkmarsch darf dennoch nicht stattfinden: Zu groß sei die Gefahr, dass »politisch missliebige Personen« die Veranstaltung missbrauchten, meinen Superintendent Magirius und Kirchenanwalt Dr. Berger und raten ab: Der Staat könne sich provoziert fühlen. Die Gedenkfeier für die Geschwister Scholl findet deshalb als unauffälliger Gottesdienst in der Kirche statt. Als neben einigen Psalmen auch Flugblatttexte der Scholls verlesen werden, wird klar, worin das Problem besteht: »Nichts ist eines Kulturvolkes unwürdiger, als sich ohne Widerstand von einer verantwortungslosen und dunklen Trieben ergebenen Herrscherclique regieren zu lassen«, heißt der erste Satz ihres ersten Flugblatts von 1942. Wer dem Text lauscht, muss unwillkürlich zu denken beginnen. Die geistigen Wurzeln des Herbsts 1989 reichen weit zurück. Der Antifaschismus, in seiner ideologischen Spielart so etwas wie die Grunddoktrin im Selbstverständnis der DDR, ist auf ganz andere Weise eine wichtige Triebkraft auch für die *kritische Bewegung*: Die Texte der Geschwister Scholl tauchen in den achtziger Jahren mehrfach auf Leipziger Flugblättern auf, ohne dass die Autoren genannt werden. Und die Wirkung dieser Worte auf die Stasi ist enorm: Gefährliche staatsfeindliche Schmähschriften unbekannter Herkunft werden diagnostiziert.

Auch die Leipziger Reclamausgabe von Victor Klemperers Sprachanalyse des Dritten Reiches »LTI – Lingua Tertii Imperii« hat nicht wenigen Lesern geholfen, das Parteikauderwelsch der neuen Funktionäre und die Phraseologie sozialistischer Tageszeitungen zu durchschauen. In der überwiegend protestantisch geprägten DDR wirkt zudem der Pazifismus aus der Tradition der Bekennenden Kirche fort, die sich während der Nazizeit dem Anschluss an die Reichskirche verweigert hatte: Karl Barths theologische Kritik am Nationalsozialismus besitzt auch im realexistierenden Sozialismus Überzeugungskraft.[19] Ähnlich wie der Bekennenden Kirche zur Nazizeit geht es der Evangelischen Kirche in der DDR zumeist um die Erhaltung kirchlicher Freiheit, nicht um politische Opposition. Der Pazifismus des von den Nazis nach dem missglückten Hitlerattentat vom 20. Juli hingerichteten Theologen Dietrich Bonhoeffer bleibt in der DDR bis in die Endphase des Kalten Krieges hinein populär. Bereits in der Ära der Wiederbewaffnung in den fünfziger Jahren fragen sich auch nichtreligiöse Ostdeutsche, was nun aus dem Schwur »Nie wieder Krieg!« wird. Als am 24. Januar 1962 eine allgemeine Wehrpflicht für die DDR erlassen wird, führt die Debatte über die Gewissensvereinbarkeit dazu, dass zwischen Staat und Kirche ein waffenloser Wehrersatzdienst für diejenigen ausgehandelt wird, die »... aus religiösen Anschauungen oder aus ähnlichen Gründen den Wehrdienst mit der Waffe ablehnen.« 1964 wird der Grundstein für eine Gruppierung gelegt, die später für die Gründung der Friedensgebete und die Montagsdemonstrationen bedeutsam wird: Die Bausoldaten.

Die Kirchen werden zum einzigen nicht von der SED kontrollierten geistigen Freiraum in der eingemauerten DDR. »Nur für den innerkirchlichen Dienstgebrauch!« ist eine oft verwendete, den DDR-Gesetzen Genüge leistende Schutzformel für politische Publizistik, die es erlaubt Samisdats[20], d.h. gesellschaftskritische Untergrundliteratur als »innerkirchliches Dienstmaterial« zu produzieren – ein Schlupfloch, das die Staatssicherheit mit wechselndem Erfolg zu bekämpfen versucht. Die katholische Kirche, selbst autoritär strukturiert, setzt allerdings mit ihrer »Überwinterungstaktik«

---

19 Der aus der Bekennenden Kirche kommende Berlin-Brandenburgische Bischof Otto Dibelius meinte, dass es gegenüber der totalitären Regierung der DDR keine christliche Gehorsamspflicht gebe. Das Leipziger Schwurgericht verurteilte 1959 den Studentenpfarrer Siegfried Schmutzler für pazifistisches Engagement wegen »Hetze gegen die DDR« und »kriegsvorbereitender Agententätigkeit« zu fünf Jahren Haft.
20 Vgl. Anm. 15.

in der Auseinandersetzung mit dem SED-Staat vor allem auf Geheimdiplomatie: Probleme werden diskret zwischen Bischöfen und Staatsvertretern besprochen – und so nicht selten erfolgreich gelöst, etwa wenn es um die Diskriminierung kritischer Bürger betreffs Ausbildung, Wehrdienst, Studium und Beruf geht; aber auch um »humanitäre Sachfragen«, Reisegenehmigungen, Ausreisen sowie soziale und erziehungspolitische Angelegenheiten. Die katholischen Bischöfe scheuen andererseits jedoch nicht, eine von den Erwartungen des SED-Staats abweichende Meinung in Bischofsbriefen und Kanzelabkündigungen öffentlich zu formulieren. Unter den politisch aktiven Oppositionellen gibt es in der DDR eine Reihe von Katholiken, von denen jedoch nur wenige wirklich an Einfluss gewinnen, wie beispielsweise der Dresdner Kaplan Frank Richter, der sich am 8. Oktober 1989 in Dresden um eine gewaltfreie Konfliktlösung verdient macht, oder den Berliner Dokumentarfilmer und späteren Bundestagsabgeordneten Konrad Weiß, der die handlungsorientierte Oppositionsbewegung *Demokratie jetzt!* federführend mitbegründet.

Nicht nur wegen ihrer zahlenmäßigen Überlegenheit, sondern vor allem dank ihrer innerkirchlichen Demokratie (Synoden, Kirchentage, Gleichberechtigung der Frau usw.) und ihrer geistigen Freiräume wirkt die evangelische Kirche insgesamt bedeutend stärker in die alltägliche DDR-Gesellschaft hinein. Mit der Initiative *Frieden konkret* um den Magdeburger Pfarrer Hans-Jochen Tschiche entsteht ab 1983 ein stabiles kirchliches Netzwerk der Friedensarbeit für die mittlerweile fast 200 regelmäßig agierenden Basisgruppen: Überlegungen zur Überwindung der Blockkonfrontation und die Idee eines vereinten Europas werden diskutiert, persönliche Ost-West-Kontakte geknüpft. Ein landesweiter Diskurs über gewaltfreien Widerstand beginnt – und wirkt bis in den Herbst 1989 hinein. Der friedliche Protest Mahatma Gandhis, die Emanzipation der Afroamerikaner unter Martin Luther King und deren Taktik des zivilen Ungehorsams[21] oder der Befreiungskampf in Nicaragua sind geistige Strömungen, die das kritische Denken auch hinter der Mauer beeindrucken und beeinflussen: Weil die internationalen Emanzipationsbewegungen auch von der SED-Propaganda aufgegriffen werden, können deren kritische Aspekte ihre Wirkung auch hinter der Mauer entfalten.[22]

Selbst die Widerstandsbewegung gegen den Vietnamkrieg und die 68er-Revolte der westlichen Jugend unter der Parole *make love not war* beeinflussen die Lebenswirklichkeit vieler Ostdeutscher stärker, als alle von SED oder FDJ verordneten Verhaltensweisen: Beatmusik, Bluejeans, lange Haare und freie Liebe sind auf Dauer auch im Arbeiter-und-Bauern-Staat nicht zu verhindern. Die Gegenkulturen und die Kreativität der westlichen Friedensbewegungen finden spätestens in den Achtzigern ein vielfältiges Echo im Osten: Kerzen, Blumen, Transparente, Rockkonzerte, Mahnwachen, Schweigemärsche und Sit-ins[23] werden Ausdrucksmittel des Unbehagens in der kontrollierten Gesellschaft. Versuche staatlicher Massenorganisationen, diese Ausdrucksformen zu instrumentalisieren, wenn man sie schon nicht verbieten kann, können ihrer Vitalität nichts anhaben: Das Protestlied *We shall overcome*[24] etwa, als Hymne der »imperialistisch unterdrückten amerikanischen Jugend« im Englischunterricht der DDR-Schulen gelehrt, wird schließlich im Herbst 1989 auf den Straßen angestimmt.

Schon in den siebziger Jahren entsteht die evangelische *Offene Arbeit*[25], die Menschen in Problemlagen ungeachtet ihrer Herkunft, Stellung, politischer und religiöser Überzeugung einen Anlaufpunkt bietet: Dort finden Jugendliche

---

21 Die Schriften H. D. Thoreaus, der den »Civil Disobediance« 1849 als gewaltfreies Mittel des Bürgers, sich gegen Staatswillkür zu wehren, entwickelte, wurden in der DDR erst Ende 1989 veröffentlicht.
22 »Einfallstore der Wirklichkeit« waren z. B. auch die *Weltfestspiele der Jugend und Studenten* von 1973, das Berliner *Festival des politischen Liedes* oder die *Internationale Dokumentar- und Kurzfilmwoche* in Leipzig.
23 Z. B. 1983 nach einem Friedensgebet während der Dokumentar- und Kurzfilmwoche auf dem Leipziger Markt.
24 Die sozialistische Frauenzeitschrift »Für Dich« hatte es Ende der Siebziger als Sonderauflage auf einer Schallplatte von Joan Baez veröffentlicht.
25 Ausgehend von den Thüringer Gemeinden in Jena, Weimar und Erfurt.

Nikolaikirche – offen für alle: Zuführung eines Demonstranten am 7. Oktober 1989.

verfolgter Subkulturen wie Blueser und später auch Punks einen geschützten Freiraum. Aus praktischer evangelischer Sozialarbeit entsteht das Prinzip »*offen für alle*«, das schließlich auch zum Selbstverständnis der Leipziger Nikolaikirche und ihrer Friedensgebete gehört.

Von 1979 an gibt es infolge dieser Entwicklung der neuen Offenheit der Kirche gegenüber gesellschaftlich »heimatlosen« Gruppen die legendären Bluesmessen bei Pfarrer Eppelmann in Ostberlin. Später entstehen aus Konflikten der *Offenen Arbeit* mit der Amtskirche die *Kirche von Unten* und die *Solidarische Kirche* – zwei Gruppierungen, deren Aktivitäten im Vorfeld des Herbsts 1989 relevant werden, u. a. um die Amtskirche am Ausbremsen politischer Aktivitäten der *kritischen Bewegung* zu hindern.

Ein existenzielles Problem für die DDR wird die Belastung der Umwelt durch die industrielle »Sozialistische Produktion«: Begleitet das evangelische Forschungsheim Wittenberg[26] besonders in den achtziger Jahren die sich formierende alternative Umweltbewegung wissenschaftlich, so ist die Gründung der bereits erwähnten Ostberliner Umweltbibliothek 1986 an der Berliner Zionsgemeinde ein Schritt jüngerer Oppositioneller hin zu einem Ansatz, der vor allem die gesellschaftlichen Ursachen ökologischer Probleme in den Mittelpunkt rückt. Ab Mitte der achtziger Jahre dringt die Umweltproblematik endlich auch ins allgemeine Bewusstsein und wird nun von ehrenamtlichen Naturschützern beim staatlichen *Kulturbund* ebenso diskutiert wie von Intellektuellen.[27] Entscheidende Denkanstöße, nicht nur zur Umweltproblematik, kommen in dieser Zeit vom *Konziliaren Prozess*, einem internationalen ökumenischen Zusammenschluss, der ab 1983 auch in der DDR zu wirken beginnt. Hier arbeiten Kirchen und Basisgruppen in einem koordinierten Prozess zusammen mit Wissenschaftlern und Experten an den drängenden Themen Frieden, Gerechtigkeit und Umweltschutz. Das Projekt der »Ökumenischen Versammlung für Gerechtigkeit, Frieden und Bewahrung der Schöpfung« geht auf Dietrich Bonhoeffers Vorschlag für ein weltweites Friedenskonzil aller christlichen Kirchen zurück. In der DDR sorgen vor allem die Versammlungen in Magdeburg 1988 sowie in Dresden 1988 und 1989 für landesweite Diskussionen – natürlich nicht in den offiziellen Medien. Arbeitsgruppen und Experten tragen Analysen zur realen Situation der DDR zusammen – vieles davon Aufsehen erregende Informationen aus den Bereichen Soziologie, Rüstung, Umweltverschmutzung, die bislang der Öffentlichkeit vorenthalten und als Herrschaftswissen

---

26 Gegründet 1927.
27 Vgl. etwa das Bitterfeld-Problem im Roman »Flugasche« von Monika Maron, die Tschernobylmotive in »Swantow« von Hanns Cibulka oder im »Störfall« von Christa Wolf.

Logo der Ökumenischen Versammlung für Frieden, Gerechtigkeit und Bewahrung der Schöpfung.

der SED gehütet wurden. Die Wirkung dieser Erkenntnisse auf die sich formierende politische Opposition ist enorm. Erkenntnisse des *Konziliaren Prozesses* fließen im Herbst 1989 dann auch vielfach in die Forderungen der Reformgruppen, in die Programme neuer Bewegungen und die Arbeit der Runden Tische ein.

Jeden Montag 17 Uhr
Zum entscheidenden Kristallisationspunkt für die Proteste der *kritischen Bewegung* werden jedoch die sogenannten Friedensgebete, allen voran die Montagsgebete in der Leipziger Nikolaikirche. Friedensgebete als eigenständige christliche Andachtsform gibt es seit 1981. Der evangelische Pfarrer Christoph Wonneberger hatte die an alte biblische Gebetsformen anknüpfende Andachtsform damals für etliche Städte (u. a. Rostock, Magdeburg, Leipzig) angeregt. Wonnebergers Forderung nach einem *Sozialen Friedensdienst (SoFd)* anstelle des Wehrdienstes und auch des immer noch kriegsnützlichen Bausoldatendienstes stieß auch innerkirchlich vielfach auf ängstliche Ablehnung und harsche Kritik. Als er 1982 wegen dieser »verfassungsfeindlichen Initiative« verhaftet wurde, drohte ihm die sächsische Kirchenleitung auf Geheiß des Staatssekretärs für Kirchenfragen Klaus Gysi mit Entlassung, wenn er sein Engagement nicht einstelle. Deshalb suchte Wonneberger neue Formen der Vernetzung christlicher Friedensbewegter in der DDR. Mit regelmäßigen Friedensandachten hoffte er, eine angemessene Möglichkeit zu schaffen, auf die Militarisierung des Alltags in der Hochphase des Kalten Kriegs reagieren zu können.[28] Wonneberger erklärt über die Form der Friedensgebete, sie hätten durch die urchristlichen Elemente von Klage, Lob, Sammlung, Bekenntnis und Fürbitte»... die Funktion eines Zwischenglieds zwischen Persönlichem und Öffentlichem. Sie gründen sich tief in der Theologie, führen aber bis zum aktuellen politischen Handeln. Die Friedensgebete waren als eigenständige Struktur gedacht, aber ohne sie in feste Organisationsformen einzubinden.«[29]

Von Anfang an haben die Friedensgebete einen gesellschaftskritischen Bezug: Engagierte Basisgruppen setzen ihre theologischen Überzeugungen der Realität der DDR-Gesellschaft aus und suchen mit modernen liturgischen Mitteln

---

28 Ähnliche Friedensandachten gab es schon 1978 in der Erfurter Reglerkirche, um gegen den von Bildungsministerin Margot Honecker eingeführten »Wehrunterricht« zu protestieren.
29 Zit. nach Schwabe: Friedensgebete in Leipzig, Vortragsmanuskript o. D., in: Dokumentensammlung beim Sächsischen Landesbeauftragten für die Stasi-Unterlagen, Ordner 63.

Schwerter zu Pflugscharen – das Symbol der Friedensbewegung.

nach geistigen Alternativen. Im Herbst 1980 findet die erste *Friedensdekade* der evangelischen Kirchen in der DDR statt: An zehn Abenden in der »Sauregurkenzeit« Mitte November lädt man zu Veranstaltungen ein, die der Tugend der Friedfertigkeit gewidmet sind – was in den Jahren des internationalen Rüstungswettlaufs und der Militarisierung des Alltags Brisanz besitzt. 1981 trifft die Friedensdekade offenbar den Nerv der Zeit und wird schlagartig auch außerhalb der Kirchen populär: Die alttestamentarische Idee von den »zu Pflugscharen« umgeschmiedeten »Schwertern« (Micha 4, 3) wird durch die Aktionen des sächsischen Landesjugendpfarrers Harald Bretschneider zum Symbol pazifistischer Verweigerungshaltung gegenüber dem Rüstungswahn jener

Jahre. Sowohl die Idee des praktischen Pazifismus als auch das für die Friedensdekade entworfene Symbol[30] des sowjetischen Antikriegs-Denkmals für die UNO gewinnen angesichts der Atomraketen beidseits der innerdeutschen Grenze enorme Popularität – sehr zum Ärger der SED-Genossen.

Eine breite Kampagne zur Bekämpfung der »feindlich-negativen« pazifistischen Überzeugung setzt ein. Friedenspolitisch engagierte Schüler und Studenten werden deshalb im Herbst 1981 von den Schulen verwiesen, von weiterer Bildung ausgeschlossen, politisch unter Druck gesetzt. Mit dieser Erfahrung beginnt für viele Jüngere das Engagement für eine Friedenspolitik, die mit den Plänen und Absichten der SED nichts mehr zu tun hat: Die Friedensgebete werden landesweit zum Ort geistiger Verständigung für die wachsende *kritische Bewegung*.

In Leipzig wurden die Friedensgebete weder erfunden noch ist ihre Existenz in einer Seitenkapelle der Nikolaikirche etwas Besonderes. Nach der erfolgreichen Friedensdekade von 1981 schlagen junge Gemeindemitglieder vor, von nun an wöchentliche Friedensgebete abzuhalten und dabei besonders die Anliegen der Jugend aufzugreifen.[31] Nach längerem Zögern wegen des offenen Charakters der Andachten gibt der zuständige Superintendent Friedrich Magirius eine befristete Zustimmung, sodass vom 13. September 1981 an wöchentliche Friedensgebete in der Seitenkapelle der Nikolaikirche stattfinden dürfen. »Zum Gebetstag am Montag kam es, weil die an den Nachmittagen meist überfüllten Dienstkalender der kirchlichen Mitarbeiter nur noch am Montag ein Plätzchen aufwiesen.«[32] So bewirken die Dienstpläne der Nikolaigemeinde von 1982, dass im Herbst 1989 die Demonstrationen immer am Montagabend stattfinden –

---

30 Als Lesezeichen aus Fließ, für dessen Herstellung formal keine Druckgenehmigung erforderlich war. Später wurde es als Aufnäher benutzt.
31 Initiatoren waren: Gemeindepädagoge Hans-Joachim Döring, Katechet Günther Johannsen und Olaf Müller von der Jungen Gemeinde, von der AG Friedensdienst (einer Basisgruppe ehemaliger Bausoldaten) der Fotografiestudent Lutz Stellmacher und der Theologiestudent Hans Bächer.
32 Döring: Montagsalarm im Politbüro – Erinnerungen an die Anfänge der Friedensgebete in St. Nikolai zu Leipzig, in: Die Zeichen der Zeit, Lutherische Monatshefte 11/1999, S. 37.

dank der arbeitszeitfreundlichen Anfangszeit um 17 Uhr lösen die Friedensgebete Jahre später eine massenkompatible »Feierabendrevolution« aus.

Im November 1983 finden zum ersten Mal Demonstrationen im Anschluss an Friedensgebete in Leipzig statt: Etwa hundert Jugendliche protestieren anlässlich der *Internationalen Dokumentar- und Kurzfilmwoche* an drei aufeinanderfolgenden Tagen gewaltfrei und schweigend mit Kerzenmärschen in der Innenstadt, am Bachdenkmal oder mit einem Sit-in auf dem Marktplatz gegen die Aufrüstung. Es kommt zu Festnahmen, sechs Personen erhalten Haftstrafen von bis zu zwei Jahren.[33] Der Rat des Bezirkes fordert von Superintendent Magirius, »derartige Symbolhandlungen« sowie »jeden politischen Missbrauch im Namen der Kirche« fortan prinzipiell zu unterbinden.[34]

Bis zum Januar 1988 sind die Friedensgebete in St. Nikolai selten große Veranstaltungen. Mitte der achtziger Jahre sinkt ihre Attraktivität sogar so weit, dass man mehrfach erwägt sie abzuschaffen. Das Besondere an den Montagabenden ist jedoch: Wechselnde Basisgruppen aus allen Teilen der Stadt sind für die Gestaltung verantwortlich, es gibt einen Ort, an dem man sich kontinuierlich öffentlich zeigen kann. Zugleich sind sie, was Inhalt und Form angeht, auch im kirchlichen Sinne ein geistiger Freiraum. Als Pfarrer Wonneberger 1985 die Leipziger Lukasgemeinde übernimmt, versucht er, die Friedensgebete in St. Nikolai mit neuem Geist zu erfüllen.

Eine Woche nach den Verhaftungen anlässlich der Berliner Luxemburg-Liebknecht-Demonstration vom 15. Januar 1988, von denen bereits mehrfach die Rede war, findet in der Seitenkapelle der Leipziger Nikolaikirche das erste politische Friedensgebet unter dem Motto »Solidarität mit den Berliner Inhaftierten« statt.[35] Es wird über die Inhaftierten und die Umstände ihrer Verhaftungen informiert, was zu diesem Zeitpunkt auch die westlichen Medien kaum leisten, während die

---

33 Vgl. Schwabe: Die Leipziger Friedensgebete, a.a.O. (siehe Anm. 29).
34 Der FOCUS 1/1995 behauptete auf Grund von Stasi-Aktenfunden in der Gauck-Behörde, Magirius sei ab 1966 als IM »Einsiedel« geführt worden.
35 Veranstaltet von der evangelischen AG Homosexualität unter der Federführung von Leander Streubel.

einheimischen erwartungsgemäß schweigen. Zum ersten Mal seit Jahren erscheinen zum Montagsgebet statt der üblichen zehn Besucher wieder über zweihundert Teilnehmer. Und obwohl der staatlicherseits alarmierte Leipziger Superintendent Friedrich Magirius die Veranstaltung besorgt abzubrechen versucht, wird sie ein Erfolg mit Folgen.

Jeden Montag kommen von nun an jeweils doppelt so viele Besucher zum Friedensgebet in die Nikolaikirche. Vier Wochen nach den Berliner Vorfällen muss man trotz der »Entlassung der Inhaftierten in den Westen« beim Friedensgebet in der Nikolaikirche erstmals ins Kirchenschiff ausweichen – die Seitenkapelle genügt nicht mehr. Eine neue Protestbewegung entsteht in der Messestadt: Das Maß ist voll, die geistige Enge nicht mehr auszuhalten, etwas muss sich ändern. Es muss möglich sein, sich kritisch zu äußern und Veränderungen zu bewirken, ohne kriminalisiert zu werden, denken viele. Die Friedensgebete erfreuen sich wachsender Popularität, vor allem bei den Basisgruppen[36], dem inhaltlich arbeitenden Teil der *kritischen Bewegung* in Leipzig. Und bei denen, die einen Antrag auf Ausreise in den Westen gestellt haben und seit Jahren auf die Genehmigung warten. Doch viele haben in den letzten Wochen die Überzeugung gewonnen, dass man in der DDR durchaus Veränderungen bewirken kann, wenn man nur gemeinsam und langfristig agiert. Die Koordinierungsgruppe für die Friedensgebete eröffnet ab Januar 1988 ein Kontaktbüro[37], das nicht nur die Friedensgebete, sondern zahlreiche weitere solidarische Aktionen der *kritischen Bewegung* koordiniert und den Kontakt zu den Oppositionsgruppen anderer Städte sowie zu den Medien in Ost[38] und West hält. Das basisdemokratisch organisierte Kontaktbüro plant die Eröffnung eines Begegnungszentrums, an dem sich alle politisch aktiven Gruppen der Stadt beteiligen und das für jedermann offen sein soll. Bis heute ist kaum bekannt, dass am Beginn der Leipziger Entwicklung, die im 9. Oktober 1989

---

36 Zu den damals relevanten Basisgruppen Leipzigs siehe Anhang.
37 Dank der Unterstützung des Studentenpfarrers Michael Bartels in den Räumen der Evangelischen Studentengemeinde in Leipzig Connewitz.
38 Z. B. zu Petr Uhls konspirativer Nachrichtenagentur der *Charta 77* in Prag.

Protest der Basisgruppen am 24. Oktober 1988 gegen das Mitwirkungsverbot an den Friedensgebeten in der Nikolaikirche.

ihren Höhepunkt findet, die Solidarität mit den verhafteten Berlinern vom Januar 1988 steht.

Im August 1988 wird Pfarrer Wonneberger durch Superintendent Magirius die Koordinierung der Friedensgebete entzogen. »Die Stasi, so steht es in den Akten, fordert den Superintendenten auf, ›gegenüber Pfarrer Wonneberger konkret disziplinierend einzuwirken, da dieser immer mehr zu einem Problem an sich wird‹. Nach Ansicht der Stasi war Magirius auch ›loyal‹ und versuchte, die ›Absichten politischnegativer kirchlicher und kirchlich gebundener Kräfte möglichst zurückzudrängen‹. Im Fall Wonneberger jedoch war der Superintendent erfolglos. Er ließ die SED-Macht wissen, da helfe nichts anderes mehr, als von staatlicher Seite einzugreifen.‹«[39] Gleichzeitig verbietet Magirius auf staatlichen Druck hin auch den Basisgruppen, die das Friedensgebet begründet haben, mit dem Hinweis auf seine Zuständigkeit die weitere Mitarbeit.[40]

---

39 Hermann: »Von Helden und Heuchlern« in: STERN-Zeitgeschichte »Die Deutsche Stunde«, November 1999, S. 14.
40 Vgl. Basisgruppenerklärung vom 25.08.1988, in: Dietrich/Schwabe: Freunde und Feinde, S. 181, Dokument 67.

Legitimiert werden die Entscheidungen in einer nachträglichen Sitzung des Kirchenvorstands von St. Nikolai, wo man sich um den christlichen Charakter der Veranstaltungen sorgt. Interessant, auch im Hinblick auf die theologische These von den Friedensgebeten als neuzeitlicher Liturgieform, ist eine kirchliche Mitteilung vom 2. Oktober 1988, mit der der Bezirkssynodalausschuss »Frieden, Umwelt und Gerechtigkeit« feststellt, dass die von Magirius erzwungene Veränderung als Zerstörung der Andachtsform empfunden wird: »Die jetzige Form kann nicht als Friedensgebet im ursprünglichen Sinne angesehen werden. Die Gruppen möchten die Auslegung eines biblischen Texts nach eigener Wahl mit der Zielstellung der Verarbeitung der gesellschaftlichen Wirklichkeit in religiöser Weise unter Verantwortung eines Pfarrers. Das Friedensgebet sollte wieder konkrete Fürbitten enthalten und den Gruppen Möglichkeit für Information und Nachgespräche mit Besuchern geben.«[41] Der Streit um den Charakter der Friedensgebete zeigt, dass es sich, anders als oft unterstellt, nicht um naiv-provokative »staatsfeindliche« Veranstaltungen im christlichem Mantel handelte – hier wurde um die »Freiheit des Christenmenschen« in seiner Kirche gerungen. Im Friedensgebet vom 8. Mai 1989 stellt der Student Michael Arnold von der *Initiativgruppe Leben*[42] die These des Superintendenten Magirius von der »notwendigen politischen Neutralität der Kirche« in Frage und berührt damit nicht nur einen heiklen Punkt der Kirchengeschichte, sondern auch der aktuellen Situation: Aus Angst vor staatlichen Restriktionen und vor der Eskalation des Konflikts ist die sächsische Kirchenleitung offenbar bemüht, sich den sozialistischen Vorstellungen eines »entsprechend religiösen Lebens«[43] anzupassen und wird damit auch theologisch angreifbar.

Der Kirchenvorstand von St. Nikolai benennt daraufhin die Friedensgebete offiziell in »Montagsgebete« um, über die Motivation kann nur spekuliert werden. Die Auseinander-

---

41 Ebd.: S. 218.
42 Eine Liste der damals relevanten Leipziger Basisgruppen siehe Anhang.
43 Formulierung des Leipziger Bezirksparteichefs Horst Schumann in einem Brief vom 25. Mai 1989 zu den »Montagsgebeten« an Erich Honecker, zit. nach Dietrich/Schwabe: Freunde und Feinde, Anm. 504.

setzung zwischen den stasiüberwachten Basisgruppen und den unter staatlichem Druck stehenden Vertretern der Amtskirche wird zum Konflikt, der um Fragen nach Verkündigungsformen und die protestantische These des allgemeinen Priestertums ausgetragen wird. Das war schon ein Hauptthema der Reformation: Wer darf die Bibel auslegen? An solchen und ähnlichen Fragen werden in Leipzig innerkirchliche Kämpfe ausgetragen, bei denen es auch um Einfluss in den Gemeinden geht. Konflikte, die zur Freude »staatlicher Stellen« monatelang mit hohem Energieaufwand geführt werden, die Friedensgebete in eine Krise stürzen und die Energien der Aktivisten binden. Konflikte, die auch IMB[44] »Claus«, der schon erwähnte allseits beliebte Kirchenanwalt Dr. Berger, der unangefochten dem zuständigen Synodalausschuss vorsteht, mit angeregt. Glücklicherweise gibt es unter den Leipziger Geistlichen auch andere: Neben Christoph Wonneberger und Christian Führer etwa den Stadtjugendpfarrer Kaden, die Gemeindepfarrer Weidel und Turek, den katholischen Kaplan Fischer oder den evangelischen Studentenpfarrer Bartels, die die Friedensgebete schätzen und offensiv unterstützen.

Mit der Ausgrenzung der Basisgruppen wird unbeabsichtigt ein öffentlichkeitswirksamer Anlaufpunkt geschaffen: Die Aktivisten erobern im Herbst 1988 den Hof vor der Nikolaikirche als öffentliche Bühne, wobei sich ihre Aktionen auf das Geschehen in der Kirche und den Inhalt der Friedensgebete beziehen. Mehrfach kommt es nun zu Verhaftungen und der Verhängung von Ordnungsstrafen. Der Ort, von dem aus sich später die gewaltigen Leipziger Straßenproteste formieren, ist gefunden: Durch Ausgrenzung aus der Kirche verlagern sich die Proteste der Aktivisten, die bislang hinter Kirchenmauern stattgefunden hatten (vgl. Foto S. 49) »auf die Straße«.

Der staatliche Druck auf die Kirche erhöht sich, für die Vorgänge auf dem Nikolaihof wird die Amtskirche in die

---

44 IMB: Inoffizieller Mitarbeiter zur Bearbeitung im Verdacht der Feindtätigkeit stehender Personen, feindlicher Stellen und Kräfte (Stasi-Definition).

Pflicht genommen. Schließlich lenkt Magirius ein: Ende 1988 kommt es wieder zur Beteiligung der Basisgruppen an den Friedensgebeten – wodurch die stark gesunkenen Besucherzahlen rasch wieder in die Höhe schnellen. Als sich der Konflikt im Frühjahr 1989 bei der Vorbereitung des Sächsischen Landeskirchentags in Leipzig erneut zuspitzt, äußern die Kirchenvertreter im Gespräch mit den Staatsfunktionären, wie schwierig es in Leipzig sei, bestimmte Gruppen und Pfarrer zu disziplinieren – man berichtet freimütig, was Landesbischof Hempel über die Friedensgebete denkt: Sie seien »vielmehr Aggressionsgebete«[45]. (Später schreibt Hempel in einem biographischen Rückblick: »Ich habe zu spät erkannt, dass in den Basisgruppen sich die neue Erwachsenengeneration mit ihrem Recht, neue Wege in eigener Verantwortung zu gehen, zu Wort meldete. Ich habe die Konfrontation mit dem Staat mit bewusster Öffentlichkeitswirkung zu lange vor mir hergeschoben.«[46]) Dass die Friedensgebete zu dieser Zeit jedoch längst politisch bedeutsame Ereignisse sind, beweist eine Bemerkung in den Protokollen der FDJ-Bezirksleitung[47] Leipzig vom 17. April 1989: »Beim Kampf gegen die politische Untergrundtätigkeit ist ein abgestimmtes Handeln der gesellschaftlichen Kräfte notwendig. Dies wird u. a. deutlich beim montäglichen Einsatz von Mitarbeitern der FDJ-Bezirksleitung in der Nikolaikirche.«[48] Die sozialistischen Berufsjugendlichen besuchen das Friedensgebet zu dieser Zeit bereits regelmäßig. Vielleicht, um zu erfahren, was die DDR-Jugend wirklich denkt?

Bei den landesweiten Kommunal-»Wahlen«[49] am 7. Mai 1989 werden unter Wahlleiter Egon Krenz die Ergebnisse gefälscht, um zu vertuschen, dass ein höherer Wähleranteil

---

45 Laut einer staatlichen Gesprächsnotiz vom Rat des Bezirks Leipzig am 4.05.1989, vgl. Dietrich/Schwabe: Freunde und Feinde, S. 312, Dokument 152.
46 Hempel: Erfahrungen und Bewahrungen, Leipzig 2004, S. 127.
47 FDJ: Freie Deutsche Jugend – sozialistische Jugendorganisation, staatlich protegiert, »Kampfreserve der Partei«.
48 Laut einem Brief der Leipziger Bezirkssekretärin der FDJ an den Bezirkschef der Leipziger Stasi, Hummitzsch, vom 1.03.1989: Dokumentensammlung beim Sächsischen Landesbeauftragten für die Stasi-Unterlagen, Ordner 93.
49 Zu den »Kandidaten der Nationalen Front«, die im Block gewählt werden müssen, gibt es wie immer keine Gegenkandidaten.

Protest gegen den Wahlbetrug – am 7. Juni 1989 vor der Ostberliner Sophienkirche.

als je zuvor gegen die Politik der SED stimmte. In Leipzig hat man kurzfristig ca. 2000 Personen die Ausreise in die Bundesrepublik Deutschland genehmigt, um noch schlechtere Ergebnisse durch Protestwähler zu vermeiden. Schätzungen unabhängiger Wahlbeobachter gehen davon aus, dass landesweit etwa 15 % gegen die SED-Wahlvorgaben gestimmt haben und weitere 25 % nicht wählten – Zahlen, die die offizielle Wahlberichterstattung der DDR nicht erwähnt. Dennoch die Sensation: Statt der üblichen 99,9 % stimmen laut DDR-Fernsehen nur 98,5 % der Wähler für die vorgeschlagenen Kandidaten – ein Schock für die Genossen! Allein in Leipzig nutzen kritische Bürger in 161 Wahllokalen ihr Recht auf Teilnahme an der öffentlichen Stimmauszählung und registrieren Ergebnisse, die nichts mit den offiziellen Zahlen zu tun haben. Die Offensichtlichkeit des Betrugs und die Vergeblichkeit der Proteste tragen nicht wenig zur Verschärfung der kritischen Stimmung im Land bei.

Jochen Lässig und Martin Jankowski mit Gitarren vor der Thomaskirche umringt vom Publikum nach der ersten großen Verhaftungswelle am 2. Juni 1989.

Am Weltumwelttag, dem 4. Juni 1989, veranstalten die Leipziger Basisgruppen den zweiten »Pleißepilgerweg« als Gedenkmarsch zu Ehren des verseuchten Flüsschens Pleiße[50]. Der nicht genehmigte Zug durch den Leipziger Süden endet mit einer Einkesselungsaktion der Polizei: Nach einem Sit-in auf der Straße werden 74 Personen verhaftet. Der *Pleißegedenkmarsch* verstärkt unter den Leipzigern Diskussionen, die über die Frage hinausgehen, ob es nicht Zeit sei, auf die katastrophale Umweltsituation in der Messestadt aufmerksam zu machen. Die Frage ist auch, ob solche »nicht genehmigten« Aktionen vielleicht mehr sind als der provokante Übermut nicht ausgelasteter Rowdys. Acht Tage später erhält die Diskussion weiteren Auftrieb, als an einem sonnigen Sonntag in der Leipziger Innenstadt das erste *Straßenmusikfestival* in der DDR stattfindet: Der Theologiestudent Jochen Lässig will gemeinsam mit Freunden unabhängig von kirchlicher Absicherung ein Zeichen gegen

---

50 Auf Anregung der Initiativgruppe Leben (IGL) und gegen den erklärten Willen der Superintendenten Magirius und Richter, die sich im Vorfeld gegenüber dem Rat der Stadt Leipzig unaufgefordert davon distanzierten, vgl. BStU Leipzig, BVfS, Abt. IX, 00004/08, Blatt 000122.

staatliche Bevormundung und für ein lebensfrohes Stadtleben setzen. Obwohl die Veranstaltung nicht genehmigt wird, reisen Musiker und Gruppen aus dem ganzen Land an. Bald werden die zur Freude der Passanten musizierenden Gäste von der Polizei eingekreist und samt Instrumenten unsanft auf LKW verladen. Aus dem begeisterten Straßenpublikum werden entgeisterte Zeugen staatlicher Willkür: Das zufällige Auditorium wird zur protestierenden Menge, die, selbst als keine Musik mehr zu hören ist, noch lange empört mit der Polizei und den eigens erschienenen SED-Propagandisten diskutiert.

Der Leipziger Kirchentag vom 6. bis 9. Juli 1989 findet in angespannter Atomsphäre statt: Man beugt unliebsamen Aktionen vor, indem man die Basisgruppen und ihre Aktivitäten zum »Stattkirchentag« in die Lukaskirche des Pfarrers Wonneberger »auslagert«, der prompt ein lebendiger Treffpunkt der Opposition wird. Die Ausgrenzung kann nicht verhindern, dass auf den offiziellen Veranstaltungen ein reformiertes Wahlrecht gefordert wird – oder dass die Leipziger Rainer Müller und Uwe Schwabe auf dem Weg zur Abschlussveranstaltung ein Transparent mit den chinesischen Schriftzeichen für *Demokratie* durch die Straßen tragen – nicht nur als Mahnung an das jüngste Massaker vom Platz des Himmlischen Friedens, sondern auch als aktuelle Forderung. Denn erstmals seit Jahrzehnten besuchte kurz vor dem Leipziger Kirchentag wieder ein DDR-Repräsentant die VR China: Egon Krenz, der sich mit den Worten, es sei »etwas getan worden, um die Ordnung wiederherzustellen«, lobend über das Massaker vom Tianamen äußerte. Das Transparent wird so zum Menetekel für den bevorstehenden 9. Oktober 1989, an dem die »chinesische Lösung« schließlich auch Leipzig droht.[51]

Auch die Ausreisebewegung formiert sich in Leipzig. Eine »Analyse zum Friedensgebet in der Nikolaikirche« der Volkspolizei verzeichnet eine folgenreiche Aktion: »Zum Zeitpunkt der Frühjahrsmesse 1989 kam es am 13. März 89 nach dem

---

51 Da zu viele Zeugen sowie westliche Medienleute vor Ort sind, wagt die Polizei zunächst nicht einzugreifen. Das Transparent wird später in einem unbeobachteten Moment von zivilen »Greifern« beschlagnahmt.

Rainer Müller und Uwe Schwabe tragen beim Leipziger Kirchentag im Juni 1989 ein nicht genehmigtes Transparent mit der chinesischen Aufschrift »Demokratie«.

Friedensgebet durch ca. 300 Personen zur Formierung zu einem Demonstrationszug in der Innenstadt, welcher durch Einsatz von Kräften in Zivil am Markt aufgelöst wurde. Mehrere westliche Kamerateams haben gezielt vor uns während der Handlungen Filmaufnahmen gefertigt.«[52] – Die Bilder werden am gleichen Tag in der *Tagesschau* der ARD gezeigt. Erstmals ist im Westen und zugleich in weiten Teilen der DDR zu sehen, wovon man seit Monaten hinter vorgehaltener Hand spricht: In Leipzig existiert eine kritische Szene, die mehr wagt als die bisherigen symbolischen Aktionen einzelner. Wenig später werden alle Beteiligten, die man auf den Bildern erkennt, in den Westen entlassen. Die DDR hofft, diese Unruhestifter loszuwerden. Das Gegenteil tritt ein: Nun pilgern Ausreisewillige aus allen Teilen der DDR nach Leipzig. Allmontäglich versuchen die »Ausreisekandidaten« nach dem Friedensgebet zu demonstrieren – in der Hoffnung, von einer Kamera der Westmedien oder einer der zahlreichen Überwachungskameras der Stasi auf den Dächern der Leipziger Innenstadt erfasst zu werden und als »aktiver Unruhestifter« aufzufallen, umso die ersehnte Ausreise nach Westdeutschland endlich genehmigt zu bekommen. Die Materialsammlung zur Geschichte der Leipziger Friedensgebete[53] verzeichnet von März 1988 bis zum 9. Oktober 1989 achtzehn öffentliche Aktionen der Ausreisebewegung nach den Friedensgebeten mit jeweils mehreren hundert Teilnehmern. Zur Messe und an Tagen wie dem 1. Mai, zum Nationalfeiertag oder zur Kommunalwahl berichten westdeutsche Medien darüber. Im Jahr 1989 reisen offiziell insgesamt 348 854 DDR-Bürger in den Westen aus, so viele wie nie seit dem Mauerbau.[54]

Auch wenn Leipzig ab Januar 1988 zur »zentralen Landesbühne« für öffentliche Protestaktionen wird, auch aus Plauen, Cottbus, Dresden, Ostberlin, Erfurt, Gera, Greifswald, Güstrow, Halle, Magdeburg, Meißen, Jena, Neubrandenburg,

---

52 Dokumentensammlung Archiv Bürgerbewegung Leipzig (Signatur ABL 18.3.16, S. 4).
53 Dietrich/Schwabe: Freunde und Feinde – Friedensgebete in Leipzig zwischen 1981 und dem 9. Oktober 1989, Leipzig 1994.
54 Kowalczuk/Sello: Für ein freies Land mit freien Menschen – Opposition und Widerstand in Biographien und Fotos, Berlin 2006, S. 346.

Potsdam, Schwerin, Rostock und Zwickau werden in der ersten Hälfte 1989 ähnliche Aktionen gemeldet. Doch nur dort, wo westliche Kameras hingelangen, erreichen die Aktionen politische Wirkung. Zu den »einflussreichen Medien« zählen keineswegs nur die westdeutschen: Sowohl das Verschweigen der Proteste als auch das Ignorieren bzw. negative Bewerten jeglicher Kritik durch die DDR-Medien verstärken den Unmut in Land.[55]

Zwar gelingt es der Leipziger Polizei an den folgenden Montagabenden mit Absperrungen, Einkesselungen und zahlreichen Zuführungen[56] Demonstrationen der Ausreisekandidaten zu unterbinden. Aber die Dynamik »kritischer« Menschenansammlungen nach den Friedensgebeten auf dem Nikolaikirchhof wird bis zur Sommerpause Mitte Juli zur Tradition. Der Leipziger Bezirkschef der Stasi, Manfred Hummitzsch, ahnt am 17. Juli 1989: »Wenn wir den Untergrund nicht unter Kontrolle bringen, dann wird es eines Tages zur Straßenschlacht kommen. Es gilt von Anfang an: Dagegenhalten.«[57]

---

55 Letztlich wird die Überwindung der Zensur in den DDR-Medien Teil der Umwälzung, auch hier ist der 9. Oktober 1989 entscheidender Wendepunkt.
56 Behördendeutsch für »Vorläufige Festnahmen«
57 Zitiert nach Archiv Bürgerbewegung Leipzig, Internet-Chronik:
URL: www.archiv-buergerbewegung.de/Texte/Zeittafel.htm#Juni,
[Stand: 20.06.2007].

Die kritische Masse

»*Die Idee wird zur materiellen Gewalt, sobald sie die Massen ergreift.*«
  (Karl Marx, Zur Kritik der Hegelschen Rechtsphilosophie)

»*Die größte Rolle – spielte die Nikolaikirche als Sammelpunkt. Die Menschen, die sich dort versammelt haben, waren eigentlich die wichtigsten.*«
  (Bernd-Lutz Lange, Kabarettist, einer der »Leipziger Sechs«)

Was sich am 9. Oktober 1989 in Leipzig zusammenbraut, ist die Folge von Ereignissen, die in den Wochen davor bereits landesweit für Unruhe und Spannung sorgten. An der Nikolaikirche beginnt nach der Sommerpause am 4. September wieder das wöchentliche Friedensgebet. Hunderte sind gekommen. Wer aus der Kirche tritt, findet sich demonstrativ posierenden Polizeiketten gegenüber. Etwa eintausend Menschen sammeln sich auf dem Kirchenvorplatz, Sprechchöre werden intoniert. An diesem Tag entsteht eine Demonstration auf dem Kirchvorplatz, an der sich ca. 50 Leute beteiligen, die nicht zur Ausreisebewegung gehören: »Für ein offenes Land mit freien Menschen«, »Versammlungs- und Vereinigungsfreiheit«, »Reisefreiheit statt Massenflucht« fordern die Aktivisten um Gesine Oltmanns. Zwar werden ihre Transparente sofort von Stasi-Greifern in Zivil gewaltsam entwendet, da aber wegen der Herbstmesse westliche Kamerateams anwesend sind, wagt man nicht, die Demonstranten festzunehmen. Der Parole »Wir wollen raus!« der 250 Ausreisedemonstranten, die zum Bahnhof ziehen, antwortet an diesem Tag erstmals die Parole »Wir bleiben hier!«. Sie kommt von den Oppositionellen, die etwas ändern wollen, statt wegzugehen.

Noch erscheint die Aktion klein und folgenlos, niemand ahnt, welche Dynamik sie an diesem Tag in Gang setzt. Von nun an sammeln sich jeden Montag die Unzufriedenen auf dem Nikolaikirchhof. Bald sind es so viele, dass sie, von der Polizei auf den Heimweg geschickt, mehr oder weniger zufällig minutenlang die große Straßenkreuzung vor dem Gewandhaus blockieren. Das war nicht geplant, aber jeden, der dabei war, muss diese Möglichkeit, für einen Moment Sand im Getriebe des Systems zu sein, beeindrucken.

Vorausgegangen war diesem unruhigen Septemberstart die Flucht tausender DDR-Bürger über die grüne Grenze: Seit Ungarn nicht mehr bereit war, die Probleme der DDR an seiner Grenze zu Österreich zu lösen, hatte die Mauer einen Riss. Seit August war eine Massenflucht im Gange, die nicht nur die DDR-Behörden unter Druck setzte. Auch Westdeutschland musste mit dem unerwarteten Ansturm zurechtkommen. Im Laufe des Septembers sammelten sich die »Botschaftsflüchtlinge« in den westdeutschen Botschaften von Budapest und Prag. Ende September waren sie gänzlich überfüllt.

Innerhalb des Landes geht der Blick immer öfter nach Leipzig, man fragt sich, wie man dort auf die neue Lage reagiert. »Nicht erst seit September 1989 schaute man verstärkt auf die Entwicklung in Leipzig, hatte sich doch in der Messestadt im Laufe des Jahres eine Demonstrationskultur herausgebildet, die ihresgleichen in der DDR nicht hatte.«[58] In der folgenden Woche steigert sich die Auseinandersetzung. »Am 11. September rächt sich der Staat für die Blamage während der Messe. Einhundert Menschen werden nach dem Friedensgebet ›zugeführt‹. Unter den Festgenommenen ist auch Katrin Hattenhauer. ›Ich habe gesehen, wie sie eine behinderte Frau geholt haben und bin hinterher. Da hat einer meine Haare um sein Handgelenk gewickelt und mich auf einen Wagen gezerrt.‹«[59] Mindestens 1300 Menschen besuchen am Montag während der Leipziger Herbstmesse das Friedensgebet in der Nikolaikirche. Die Polizei umzingelt während der Andacht Kirche und Vorhof. Als die Besucher die Kirche verlassen, wird brutal

---

58 Schäfer: Leipzig und seine Ausstrahlung im Herbst 1989 in: Stadt und Land. Bilder, Inszenierungen und Visionen in Geschichte und Gegenwart, Stuttgart 2001, S. 319–335.
59 R. Geissler: Der 4. September 1989, in: Der Tagesspiegel, 4. 9. 1999.

vorgegangen, man kesselt die Menschen in kleineren Gruppen ein und schlägt zu. Insgesamt erfolgen 104 Verhaftungen, darunter sind Frauen, Rentner und unbeteiligte Passanten. Der Unmut in der Stadt wächst, als für die Betroffenen Strafen bis zu 5000 Mark verhängt werden.

Die Nachricht über die Leipziger Verhaftungen führt zu solidarischen Versammlungen, Protesten und Andachten im ganzen Land: Man erinnert sich der erfolgreichen Strategie bei der Auseinandersetzung um die Zionskirche zwei Jahre zuvor. Am 17. September findet in der Berliner Gethsemanekirche ein erstes Fürbittgebet für die Leipziger Inhaftierten statt: Anders als im Januar 1988 beten nun die Berliner für die Leipziger. Bald folgen Friedensgebete und Mahnwachen auch in anderen Städten.[60] Ab dem 2. Oktober 1989 wird in der Gethsemanekirche im Prenzlauer Berg eine ständige Mahnwache für die Leipziger gehalten.

Schon drei Wochen zuvor, am 10. September, gründeten Oppositionelle um die Malerin Bärbel Bohley das *Neue Forum*. Erstmals tritt damit eine landesweite Sammlungsbewegung der Unzufriedenen mit Forderungen nach Reformen an die Öffentlichkeit und verlangt offizielle Anerkennung.[61] Die Leipziger Opposition ist durch den Studenten Michael Arnold vertreten, der zur Szene um die Nikolaikirche gehört (und den Honecker später als einen der »Rädelsführer der Konterrevolution«[62] bezeichnet). Das Neue Forum versteht sich als offene Plattform, »die es Menschen aus allen Berufen, Lebenskreisen, Parteien und Gruppen möglich macht, sich an der Diskussion und Bearbeitung lebenswichtiger Gesellschaftsprobleme in diesem Land zu beteiligen«[63] Die Stasi überwacht das Gründungstreffen, greift aber nicht ein. Die Zulassung als

---

60 Vgl. Archiv Bürgerbewegung Leipzig, Internet-Chronik:
    URL: http://www.archiv-buergerbewegung.de/Texte/Zeittafel.htm, [Stand: 20.06.2007].
61 Der Gründungsaufruf wird von 30 DDR-Dissidenten unterschrieben, darunter Katja Havemann, Rechtsanwalt Rolf Henrich, Physiker Sebastian Pflugbeil, Molekularbiologe Prof. Jens Reich, Bürgerrechtler Reinhard Schult und der Magdeburger Pfarrer Hans-Jochen Tschiche.
62 Ereignisbericht des Nikolai-Pfarrers Christian Führer vom 3.10.1989, zit. nach Dietrich/Schwabe: Freunde und Feinde, S. 443, Dokument 233.
63 Aus dem Gründungsaufruf des Neuen Forums.

politische Vereinigung, die Bohley für die Region Ostberlin – unterstützt vom Anwalt und SED-Mitglied Gregor Gysi – beim Innenministerium beantragt, wird wie auch in den anderen Bezirken mit der Begründung abgelehnt: »Ziele und Anliegen der beantragten Vereinigung widersprechen der Verfassung der Deutschen Demokratischen Republik und stellen eine staatsfeindliche Plattform dar.«[64] Den Gründern drohen lange Haftstrafen, da sie diesem Verdikt nach eine verfassungsfeindliche Organisation gegründet haben. Der Ärger über die völlige Dialogunwilligkeit der DDR-Regierung bewirkt eine landesweite Solidarisierung mit dem Neuen Forum. Der erste Satz des Gründungsaufrufs »In unserem Land ist die Kommunikation zwischen *Staat* und *Gesellschaft* offensichtlich gestört.« erfährt breite Zustimmung auch unter staatstreuen Bürgern. Am 21. September 1989 wird im DDR-Fernsehen mitgeteilt, dass die Vereinigung Neues Forum verfassungsfeindlich sei. Die SED-Bezirksleitungen erhalten am 22. September ein Fernschreiben Honeckers, in dem er fordert: »... dass diese feindlichen Aktionen im Keim erstickt werden müssen...«[65] Doch derlei Dekrete können den explosionsartigen Aufschwung demokratischer Bewegungen im ganzen Land nicht verhindern: *SDP, Demokratischer Aufbruch, Vereinigte Linke, Demokratie jetzt* und andere Gruppierungen treten in den folgenden Tagen als Neugründungen mit entschlossenen Erneuerungsaufrufen an die Öffentlichkeit.

Zum Friedensgebet am 18. September ist die Nikolaikirche mit etwa zweitausendfünfhundert Besuchern erstmals komplett gefüllt. Wer nicht hinein kommt, besucht den Kirchvorplatz, wo Blumen und Kerzen für die Inhaftierten vom vergangenen Montag aufgestellt werden. Die Polizei versucht vergebens, die Anteilnahme der Bevölkerung zu verhindern. Es kommt erneut zu gewalttätigen Auseinandersetzungen in der Innenstadt, 142 Personen werden verhaftet. Die Macht-

---

64 Vgl. Neues Deutschland vom 21.09.1989.
65 Zit. nach Dokumentensammlung Archiv Bürgerbewegung Leipzig (Signatur ABL 41.04.33).

demonstrationen der Staatsgewalt im gewohnt autoritären Stil erhöhen den Druck und verstärken den Unmut, anstatt die Stadt zu befrieden. So kommt es, dass sich am Montag darauf bereits dreitausend Leute zum Friedensgebet in die Nikolaikirche quetschen; weitere viertausend hoffen draußen, noch eingelassen zu werden: Pfarrer Wonneberger sagt an diesem 25. September in seiner Ansprache: »Gegenüber Gottes Vollmacht sind Stasiapparat, sind Hundertschaften, sind Hundestaffeln nur Papiertiger. Also: fürchtet Euch nicht!«[66] Am 26. September schreibt Stasi-Chef Erich Mielke den Genossen der SED-Führung: »Insgesamt ist einzuschätzen, daß ... in Leipzig ohne den Einsatz polizeilicher Mittel, z.B. Wasserwerfer und Schlagstöcke, sowie die ... Gewahrsamsnahme einer größeren Anzahl von Personen die Aufrechterhaltung der öffentlichen Ordnung und Sicherheit nicht mehr zu gewährleisten ist.«[67] An jenem Tag ziehen schließlich etwa 8000 Menschen auf dem Heimweg von der Nikolaikirche über den Karl-Marx-Platz bis zum Hauptbahnhof, sie singen »We shall overcome« und rufen »Freiheit für die Inhaftierten!«. Ehe die überraschte Polizei eingreifen kann, hat sich der Zug jedoch wieder aufgelöst.

Als wir, etwa 25 000 Menschen, am Montag, den 2. Oktober, verunsichert über die eigene Courage, auf dem Heimweg vom Friedensgebet erstmals am Hauptbahnhof vorbei auf dem Innenstadtring durch Leipzig ziehen und schließlich vor dem Tröndlinring von einer Polizeikette und Hundestaffeln aufgehalten werden, rufen wir »Wir sind das Volk!«. Wir antworten damit auf die Lautsprecheransage »Hier spricht die Deutsche Volkspolizei!«

Das ist der Ursprung einer revolutionären Erkenntnis: Tage später wird der Spruch »Wir sind das Volk« zur populären Parole, deren Sinngehalt sich täglich erweitert. An jenem Tag muss Einsatzleiter Hackenberg feststellen, dass »aufgrund der ... hohen Personenzahl ... die vorbereiteten Varianten

---

66   Zitiert nach Hildebrand, in: Kowalczuk/Sello: Für ein freies Land mit freien Menschen, S. 211.
67   In der streng geheimen MfS-Information 428/89, zit. nach Mitter/Wolle: Ich liebe euch doch alle, S. 174.

zur Räumung ... nicht angewandt«[68] werden können. Diese Erfahrung soll er nicht zum letzten Mal machen.

Ein Stasi-Offizier berichtet später über die Dienstberatung des 3. Oktobers im Berliner Stasi-Hauptquartier: »Mielke brüstete sich, ... bereits am 3. Oktober in einer Leitungsbesprechung damit, daß die Demonstranten – der Feind, wie er es nannte – nur Härte verstehen und man nur mit Härte und Entschlossenheit die weitere konterrevolutionäre Entwicklung aufhalten könnte. Er rühmte sich, dass er erstmals eine Hundestaffel eingesetzt hatte gegen Menschen. Die Bilder sind bekannt, Zeitzeugen haben darüber berichtet, und er freute sich eigentlich diebisch darüber, wie die Demonstranten gelaufen sind. Er bezeichnete sie als Feiglinge und verkündete, daß er nun keine Hemmungen mehr habe, auch die Spezialtruppen des MfS, die man ja im Januar des Jahres erst geschaffen hatte, bei der nächsten Demonstration einzusetzen.«[69] SED-Kronprinz Krenz äußert auf dieser Beratung, dass die Partei bisher zu wenig auf die Stasi gehört habe und verspricht, dafür zu sorgen, dass die Informationen des MfS ab sofort zur erstrangigen Entscheidungsgrundlage für die SED werden. An diesem Tag werden die Grenzen zum einzigen Land geschlossen, in das Ostdeutsche noch ohne Visum reisen dürfen, der benachbarten ČSSR.

Dem Pfarrer der Leipziger Nikolaikirche, Christian Führer, werden an jenem 3. Oktober aus der Gemeinde (gezielt?) Informationen eines Soldaten und eines Polizisten von internen Lageberatungen zugespielt: Honecker betrachte Leipzig als Zentrum einer sich entwickelnden Konterrevolution, die das Ziel habe, zum 40. Jahrestag der DDR[70] eine innenpolitische Krise herbeizuführen. Absicht der Friedensgebete sei es, Straßenschlachten zu provozieren. Der Leipziger Pfarrer Wonneberger – aus Honeckers Sicht neben der Berliner Malerin Bärbel Bohley, dem Rechtsanwalt Henrich aus Frank-

---

68 Lagebericht ans ZK der SED, zit. nach Dokumentensammlung Archiv Bürgerbewegung Leipzig (Signatur ABL 9.1.136). Hackenberg stand als Stellvertreter des erkrankten SED-Bezirkschefs Horst Schumann in der Verantwortung.
69 Kuhn: Wir sind das Volk, Berlin 1992, S. 71.
70 Am Samstag, den 7. Oktober 1989.

furt/Oder und dem Studenten Michael Arnold aus Leipzig Rädelsführer der Konterrevolution[71] – habe zu Gewalt gegen die Sicherheitskräfte aufgerufen. In Wirklichkeit hatte Wonneberger zu absoluter Gewalt*losigkeit* aufgerufen. Seine Predigt zur Bedeutung des Bibelworts »Wer zum Schwert greift, wird durch das Schwert umkommen« wurde von den SED-Propagandisten jedoch als Drohung gedeutet.[72] Ein anderer Pfarrer habe die Marschrichtung für illegale Demonstrationen vorgegeben: Stadtjugendpfarrer Kaden sagte im Friedensgebet am 2. Oktober abschließend, er halte Demonstrationen »zur Zeit« für wenig sinnvoll, was SED-Beobachter, die den Ausbruch der Konterrevolution am *Tag der Republik* befürchteten, als Aufforderung interpretierten, an einem anderen Tag zu demonstrieren. Honecker meinte, dass »nach dem 7. Oktober harte Maßnahmen zu treffen seien«.[73]

Geburtstagstrubel

Die Ausreisewelle rollt: Am 4. Oktober fahren Sonderzüge mit den Prager Botschaftsflüchtlingen durch den Süden der DDR in Richtung Westen. Am Dresdner Hauptbahnhof wollen Ausreisewillige auf die Züge aufspringen, es kommt zu Tumulten. Steine werden geworfen und Einsatzfahrzeuge angegriffen, auf beiden Seiten gibt es Verletzte. Die Lage der Sicherheitskräfte, die den Bahnhof komplett abriegeln, spitzt sich so zu, dass der Dresdner SED-Chef Hans Modrow die Nationale Volksarmee um Unterstützung bittet. Tatsächlich löst Verteidigungsminister Keßler erhöhte Gefechtsbereitschaft für den Süden aus. Er schickt Truppen nach Dresden, obwohl die Nationale Volksarmee laut Verfassung für Einsätze im Inneren nicht zuständig ist. Entlang der Bahnroute der Ausreisetransporte kommt es zu Unruhen. Einsätze bewaffneter Truppen gibt es u. a. in Freiberg, Karl-Marx-Stadt und Plauen.

---

71 A. a. O. (siehe Anm. 62)
72 Ein weiterer Hinweis auf die politische Dimension theologischer Praxis.
73 A. a. O. (siehe Anm. 62).

Die Sonderzüge erweisen sich als glimmende Lunten des sich anbahnenden Volksaufstandes.

Am *Tag der Republik*, dem 7. Oktober, demonstrieren in der Leipziger Innenstadt an verschiedenen Orten insgesamt etwa 4000 Personen indem sie zusammenstehen und Parolen wie »Gorbi, Gorbi«, »Wir sind keine Rowdys« und »Keine Gewalt!« rufen. Nach missglückten Einkesselungsmanövern wird die Menge an verschiedenen Stellen in der Stadt mit Schlagstöcken, Wasserwerfern und Hundestaffeln auseinandergetrieben. Über 200 Demonstranten werden verhaftet und teilweise in den Pferdeställen der Markkleeberger Landwirtschaftsausstellung arretiert. Im Bericht der SED-Stadtleitung[74] vom 8. Oktober 1989 liest sich das so: Die »...Veranstaltungen verliefen in einer aufgeschlossenen und guten Atomsphäre.« Am Ende des Berichts ein ebenfalls bemerkenswert formulierter Abschnitt: »Unverkennbar war die Absicht rowdyhafter antisozialistischer Gruppierungen, aufgehetzt durch imperialistische Medien, die Ruhe und Ordnung und den Verlauf der Leipziger Markttage am 7. Oktober im Stadtzentrum zu stören. Durch das vorausschauende und entschlossene Handeln der Schutz- und Sicherheitsorgane konnten größere Demonstrativhandlungen unterbunden werden.« Leipzig gilt als Zentrum des Protests: »Festzustellen war, daß Teilnehmer dieser Gruppierungen aus allen Teilen der Republik nach Leipzig gekommen waren.«[75]

In Ostberlin ziehen am vierzigsten *Tag der Republik* etwa 3000 Menschen in einer Demonstration mit »Gorbi! Gorbi!«-Rufen[76], geleitet von einem massiven Aufgebot an Sicherheitskräften vom Alexanderplatz zum Palast der Republik, wo der Festakt, an dem auch Gorbatschow teilnahm, stattfindet. Dann geht es in Richtung Prenzlauer Berg. An der Mollstraße schlagen Sondereinheiten der Staatssicherheit zu. Einzelne Personen werden aus dem Zug gerissen, verprügelt

---

74 Zit. nach »Information entsprechend Fernschreiben vom 6.10.1989« der SED-Stadtleitung Leipzig von Parteisekretär Hubert Schnabel am 8. Oktober 1989, Dokumentensammlung Archiv Bürgerbewegung Leipzig (Signatur ABL 9.1.145.).
75 Ebd.
76 Michail Gorbatschow weilte an diesem Tag als Festgast in der Stadt.

und auf LKWs verladen, schließlich setzt die Volkspolizei Wasserwerfer und spezielle Räumfahrzeuge ein, die an diesem Abend ihre Premiere erleben. Die Mahnwache für die Leipziger Inhaftierten an der Gethsemanekirche im Prenzlauer Berg wird eingekesselt, nach Beendigung einer Andacht werden dort zahlreiche Leute verhaftet.[77] Am Abend nach diesem denkwürdigen Nationalfeiertag kommen erneut etwa 3000 Besucher zur Andacht für die Freilassung der Inhaftierten in die Gethsemanekirche. Wieder schlägt der Staat zu, es gibt Verletzte und ca. 100 neue Verhaftungen.

Auch Dresden findet seit den Tumulten um die Flüchtlingszüge nicht zur Ruhe; am 6. und 7. Oktober kommt es zu Protesten in der Innenstadt. Über 4000 Demonstranten formieren sich am Abend des Nationalfeiertages am Pirnaischen Platz, während im Rathaus der 40. Jahrestag der DDR gefeiert wird. »Wir bleiben hier – Reformen wollen wir!« rufen die Demonstranten. Die Polizei treibt die Menge auseinander und verhaftet zahlreiche Beteiligte. In 18 weiteren Städten gibt es am *Tag der Republik* Protestaktionen auf den Straßen.

Im sächsischen Plauen erreichen am 7. Oktober 1989 über zehntausend friedliche Demonstranten den Abzug von Polizeihubschraubern und bewaffneten Kampfgruppen. Superintendent Küttler kann dank der hohen Demonstrantenzahl bei Verhandlungen im Rathaus und mit einer Ansprache vor dem Rathaus – mittels eines Megaphons der Einsatzkräfte – das Ende der bedrohlichen Konfrontation bewirken: Ihm gelingt es, vom Oberbürgermeister die Zusage für ein Gespräch mit Vertretern der Demonstranten zu erhalten. Durch diese Dialogbereitschaft werden die Teilnehmer der Protestdemonstration als Verhandlungspartner akzeptiert und nicht länger als Kriminelle ausgegrenzt. Außer der Polizei sind in Plauen auch Einheiten der NVA sowie Wasserwerfer der örtlichen Feuerwehr präsent. Erstmals gelingt hier eine lokale *friedliche*

---

77 Die Gedächtnisprotokolle vieler Verhafteter werden Grundlage für einen kommunalen Untersuchungsausschuss zu diesen Vorgängen sein.

In Plauen gelingt am 8. Oktober 1989 erstmals die Anerkennung friedlicher Demonstranten. Die »bewaffneten Organe« ziehen ab.

Revolution, auch wenn mangels Berichterstattung kaum jemand davon erfährt. Landesweit bleibt die Lage jedoch angespannt, die Sicherheitskräfte setzen, wie von Ostberlin vorgegeben, auf Konfrontation.

Im brodelnden Dresden bewirken am 8. Oktober 1989 die Verhandlungen der Kapläne Frank Richter und Andreas Leuschner mit der Einsatzleitung sowie ein Gespräch zwischen Landesbischof Hempel und Superintendent Ziemer mit dem Oberbürgermeister Berghofer eine Deeskalation der Lage: Der Einsatzleiter erklärt, dass der Oberbürgermeister bereit sei, mit den Demonstranten zu verhandeln. Eine daraufhin von ca. zwanzigtausend eingekesselten Demonstranten entsandte Sprechergruppe, die so genannte *Gruppe der 20*, wird für den kommenden Tag zum offiziellen Dialog mit dem Oberbürgermeister eingeladen, auf der die Forderungen der Demonstranten erläutert werden sollen. Die

Erste Schritte zu einem Dialog: die Gründung der Gruppe der 20 vor der Polizeikette.

Dresdner empfinden es als erlösendes Wunder, dass nach den gewalttätigen Unruhen an den Bahnstrecken und angesichts der bereitstehenden Streitkräfte eine Befriedung der Lage gelingt.

Aus Halle an der Saale berichtete man rückblickend: »Im September begann der ›Demonstrationstourismus‹ in die Nachbarstadt ... die Teilnahme an den Leipziger Demonstrationen bewirkt mittelbar einen Lernprozess in einer spezifischen Demonstrationstechnik, deren Funktionsweise übertragbar war.«[78] Die Hallenser versuchen im Herbst 1989 auch bei sich eine Demonstration um das Stadtzentrum einzuführen, was sich aber später als nicht praktikabel erweist.

Auf nationaler Ebene gilt am 8. Oktober nach wie vor »erhöhte Gefechtsbereitschaft«. Honecker und Mielke in Berlin bewerten die Lage als staatsgefährdend und setzen auf militärische Lösungen. Leider existiert das Protokoll der

---

78 Wagner-Kroya: Eine protestantische Revolution in Halle, Halle 1999, S. 354.

Beratung nicht mehr, die Stasi-General Mielke am 8. Oktober 1989 mit ZK-Sekretär[79] Egon Krenz führte. Sie dürfte aufschlussreich nicht nur im Hinblick auf die Protestaktionen zum Nationalfeiertag, sondern auch in Bezug auf das geplante Vorgehen für den kommenden Tag in Leipzig gewesen sein. »Klare« Erkenntnisse herrschen auf der DDR-Führungsebene jedoch über die Ursachen der landesweiten Krise. Stasi-Chef Mielke erklärt am 8. Oktober 1989 in einem Brief an alle Diensteinheiten das Entstehen der Unruhen: »Durch die zügellose Hetz- und Verleumdungskampagne des Gegners und massive Einmischungsversuche hat sich in jüngster Zeit die politisch-operative Lage im Innern der DDR erheblich verschärft.« Weitere Argumente zur Analyse der Demonstrationen finden sich auch in vorhergehenden oder späteren Anweisungen nicht. Deutlich ist die Anweisung an alle Waffenträger des MfS im selben Schreiben: »… haben ihre Dienstwaffe entsprechend den gegebenen Erfordernissen ständig bei sich zu führen.« Zudem sollen Reservekräfte bereitgehalten werden, deren »kurzfristiger Einsatz auch zu offensiven Maßnahmen« zur Unterbindung und Auflösung von Zusammenrottungen zu gewährleisten ist.«[80] Man kann davon ausgehen, dass sich diese Formulierungen auf Leipzig beziehen, denn der bevorstehende Montag ist, wie jeder weiß, der Tag des Friedensgebets, der landesweit einzigen »regelmäßigen« Gelegenheit, seiner Unzufriedenheit mit den Zuständen in diesem Staat und mit seinen Machthabern öffentlich Ausdruck zu verleihen. Und wie der Pfarrer der Nikolaikirche, Christian Führer, bereits eine Woche zuvor angekündigt hatte, werden diesmal mehrere Andachten in verschiedenen Kirchen der Innenstadt gleichzeitig stattfinden, anders kann man dem Andrang der Menschenmassen zu den Friedensgebeten nicht mehr begegnen.

---

79 ZK: Das Zentralkomitee der Sozialistischen Einheitspartei Deutschlands bildete mit ca. 200 Mitgliedern das Leitungsgremium der SED. Die eigentlichen politischen Entscheidungsträger in der DDR waren das Politbüro und das Sekretariat des Zentralkomitees – denen Stasi-Chef Mielke auch angehörte.
80 Mitter/Wolle: Ich liebe euch doch alle – Lageberichte des MfS, Berlin 1990, S. 201.

Karl-Marx-Stadt am 7. Oktober 1989: Militär-LKW mit Räumgitter.

Am Morgen des 8. Oktober versendet Erich Honecker ein Fernschreiben zur aktuellen Lage in alle Bezirke, das Erich Mielke als Dienstanweisung an die Stasibezirkschefs übernimmt. Darin heißt es: »Im Verlauf des gestrigen Tages kam es in verschiedenen Bezirken, besonders in Berlin, Leipzig, Dresden, Karl-Marx-Stadt, Halle, Erfurt und Potsdam zu Demonstrationen, die gegen die verfassungsmäßigen Grundlagen unseres sozialistischen Staates gerichtet waren. Vor allem in Dresden, Plauen und Leipzig trugen sie den Charakter rowdyhafter Zusammenrottungen und gewalttätiger Ausschreitungen, die unsere Bürger in höchstem Maße beunruhigen. Es ist damit zu rechnen, daß es zu weiteren Krawallen kommt. Sie sind von vornherein zu unterbinden.«[81]

---

81 Ebd.: S. 200.

Auf Weisung von Stasichef Mielke arbeitet man seit dem 8. Oktober 1989 in Leipzig mit höchster Energie an der Aktualisierung von Namenslisten und den logistischen Voraussetzungen für den so genannten »Vorbeugekomplex«: Man möchte ab sofort politisch Aktive im Bezirk Leipzig »vorbeugend« massenhaft inhaftieren können. Der Stasi-Chef befiehlt am 8. Oktober erneut »volle Dienstbereitschaft« für alle Dienststellen. Waffenbesitzer sollen ihre Waffen ab sofort stets bei sich tragen. In Leipzig wird ein *Operativer Einsatzstab* gebildet. Alle Diensteinheiten sind angewiesen, sich auf Einsätze vorzubereiten, wie sie für den »Spannungsfall« vorgesehen sind. Die Leipziger SED-Stadtleitung beschließt, für den Abend die Parteisekretäre der Grundorganisationen per Alarmsystem zur Krisenberatung vorzuladen. An der Instruktion nehmen 450 Genossen teil, die Parteileitung muss sich unbequemen Fragen stellen.[82] Die Anspannung erfasst allmählich ganz Leipzig. Egal auf welcher Seite man steht oder ob man abwartet, niemand kann sich dem entziehen. Die Nacht vom 8. zum 9. Oktober 1989 verläuft unruhig, auch wenn äußerlich alles still bleibt.

Am Montag, dem 9. Oktober 1989, schreibt die Leipziger Volkszeitung eine verquaste Kurzmeldung über die *Beeinträchtigungen des öffentlichen Lebens durch Rowdys am Staatsfeiertag*: »Auffallend war, dass unter den Unruhestiftern, die von der Volkspolizei belehrt werden mussten, viele nicht aus Leipzig und aus unserem Bezirk waren.«[83] Die Polizei beginnt schon am frühen Morgen, Straßen und Bahnhöfe der Stadt zu kontrollieren. Generalleutnant Hummitzsch weist alle Kreisdienststellen der Stasi an, »… die Anreise aller Personen, von denen Gefahren provokatorisch-demonstrativer Handlungen ausgehen könnten … im Zusammenhang mit dem Montagsgebet in der Nikolaikirche … mit allen Mitteln konsequent zu verhindern.«[84] Also schickt man mit faden-

---

82 Zit. nach Archiv Bürgerbewegung Leipzig, Internetchronik: URL: http://www.archiv-buergerbewegung.de/Texte/Zeittafel.htm#Oktober, [Stand: 20.06.2007].
83 Leipziger Volkszeitung vom 9.10.1989.
84 Schreiben von Stasi-Bezirkschef Hummitzsch vom 6.10.1989 an die Leiter der Kreisdienststellen »Zur Verhinderung provokatorischer Handlungen im Zusammenhang mit dem Montagsgebet in der Nikolaikirche am

scheinigen Begründungen alle Reisenden wieder zurück, von denen man annimmt, dass sie wegen der Demonstrationen nach Leipzig wollen.

Der Berliner NVA-Generalmajor Engelhardt berichtet, dass im Bezirk Leipzig seit dem 4. Oktober auf Befehl des Verteidigungsministers »erhöhte Gefechtsbereitschaft« herrsche. Nach seiner Auskunft standen am 7. und 9. Oktober seitens der NVA 83 Hundertschaften teils bewaffnet, teils mit Schlagstöcken bewehrt in ständiger Einsatzbereitschaft.[85] Und während der »Sicherheitsbeauftragte des Politbüros des ZKs der SED« Genosse Egon Krenz bis heute immer wieder behauptet, am 7. und 8. Oktober hätte »Leipzig nicht auf der Tagesordnung gestanden«, da man mit den Feierlichkeiten zum 40. Jahrestag der DDR und den Staatsgästen aus aller Welt beschäftigt war, erklärt ein führender Berliner Stasioffizier, wie man in Ostberlin die Lage tatsächlich beurteilte: »Der SED-Führung war vollkommen bewußt: Nur wenn wir Leipzig in den Griff bekommen, werden wir die DDR und die Herrschaft der SED im Griff behalten.«[86]

Vor dem Sturm

Als ich am Montag, den 9. Oktober, gegen 16:00 Uhr aus der Superintendentur auf den Nikolaikirchhof trete, haben sich bereits Hunderte im Umfeld der Kirche versammelt. In Grüppchen stehen sie umher, reden und rauchen; manche spazieren durch die umliegende Fußgängerzone und kommen hin und wieder am Kirchentor vorbei, das wegen Überfüllung längst geschlossen ist, um zu schauen, ob vielleicht doch noch jemand eingelassen würde. Als ich bemerke, dass sich unter den Wartenden auch Familien befinden, Eltern, die mit kleinen Kindern an der Hand oder mit Kinderwagen unterwegs sind, beginnt mein Herz zu klopfen. In den letzten Wochen hatten wir immer wieder

---

9.10.1989«. In: Dokumentensammlung Archiv Bürgerbewegung (Signatur ABL 16.1.132.).
85 In der Filmdokumentation »Tage der Entscheidung – kein Blutbad in Leipzig« des Bayerischen Rundfunks von 1991.
86 Interview in der ZDF-Dokumentation »Tag der Entscheidung« von 1992.

erlebt, wie die Sicherheitskräfte mit den Protestierenden auch zufällige Passanten einkesselten und dann zuschlugen. Was würde heute mit den Familien, mit den Kindern geschehen? Sollte ich die Aufforderung, mein Wissen um den Schießbefehl zu verschweigen, nicht besser ignorieren und diese Leute warnen?

Ich laufe auf ein Paar in der Nähe der Kirchentür zu. Die Mutter hat ein kleines Mädchen an der Hand, der Vater schiebt einen Kinderwagen. »Wollen Sie auch zum Friedensgebet?« frage ich schüchtern.

»Wir warten, dass es losgeht«, antwortet die Mutter laut und zeigt zur Tür, wo ein Schild mit der Aufschrift Kirche überfüllt hängt.

»Gehen Sie mit den Kindern besser nach Hause«, sage ich mit sanftem Nachdruck. »Kann passieren, dass heute geschossen wird.«

»Wissen wir«, murmelt der Vater und beäugt mich misstrauisch. Dann schiebt er den Kinderwagen weiter. »Komm!« sagt die Mutter zu der Kleinen und nickt mir zum Abschied ermunternd zu.

Meine Güte, denke ich beschämt, jetzt fange ich schon an, Leute vom Demonstrieren abzuhalten. Jahrelang habe ich gehofft, dass endlich dieser Mut entstünde und nun ... In diesem Moment wird mir klar, dass die Auseinandersetzung dieses Tages längst begonnen hat.

Unsere Zukunft hat schon begonnen

Um siebzehn Uhr beginnt am 9. Oktober 1989 in vier großen Leipziger Kirchen das Friedensgebet: Der staatlicherseits ungeliebte Zusammenschluss von Kirchen und kritischer Bewegung wird zur wichtigsten Veranstaltung des Tages. Insgesamt etwa 9000 Leute finden in der Michaeliskirche, der Reformierten Kirche, der Thomaskirche und der Nikolaikirche Platz – viele davon atheistische Genossen, die zum ersten Mal ein Friedensgebet besuchen und nur rudimentäre Informationen darüber besitzen, was das ist. Mindestens fünfmal so viele Menschen finden keinen Platz in den Kirchen. Sie stehen im Dunkel des hereinbrechenden Herbstabends auf den Straßen Leipzigs und warten.

In der vollkommen überfüllten Nikolaikirche begrüßt der katholische Probst Günther Hanisch die Leute. Von Anfang an werden ökumenische Signale gesetzt: Man verliest eine Erklärung katholischer Priester des Dekanats Leipzig, die großen Beifall findet. Darin heißt es: »Unsere Gesellschaft befindet sich in einer Krise ... Vor allem besteht ein tiefgreifender Vertrauensschwund zwischen Regierten und Regierenden. Wir erwarten, daß dieses Vertrauen ermöglicht wird; ein erster Schritt ist Wahrhaftigkeit in den Medien der DDR. Wir unterstützen alle gewaltlosen Bemühungen, die einen gesamtgesellschaftlichen Dialog fördern.«[87] Nie zuvor hat man die Konfessionen enger und vertrauensvoller zusammenarbeiten sehen.

In der Kirche herrscht Stille, man hört nur die Sprechchöre draußen, »Keine Gewalt!« oder »Wir sind das Volk!« könnte es heißen. »Schämt euch was!« rufen sie hinter der nördlichen Kirchwand – das wird den Polizisten zugerufen, wenn sie wahllos zu verhaften beginnen. Dann ist die Reihe an mir: Ich bin als Sänger und Liedermacher eingeladen worden, »etwas Passendes« beizutragen. Ich solle etwas singen, das der Situation angemessen, aber nicht provozierend sei, hatte Superintendent Magirius gefordert. Ich singe das Lied vom frischen Wind. Die Genossen hatten mir untersagt, es in der Öffentlichkeit zu singen. Aber hier in der Nikolaikirche sind wir ja unter uns: ... Flüstern in den Häusern, irgendetwas ist geschehen. / Die Welt ist wie verwandelt, man kann freier gehen. / Zerrissen ist die Lähmung, diese dünne graue Haut, / frischer Wind weht in den Straßen, / es wird plötzlich laut ... Der letzte Akkord des Liedes verhallt. Die Leute beginnen zu klatschen. Die Genossen klatschen auch.

Dann hält Pfarrer Gotthard Weidel eine Ansprache über die Friedfertigkeit und beendet sie so: »... Der Geist des Friedens muß aus diesen Mauern herausgehen. Achtet darauf, daß die uniformierten Männer nicht angepöbelt werden. Sorgt dafür, daß keine Lieder oder Losungen angestimmt [werden], die die Staatsmacht provozieren müssen. Nehmt die Steine aus der Hand, die sich in der geballten Faust befinden.«[88]

---

87 Kuhn: Wir sind das Volk, S. 126.
88 Ebd.: S. 127.

Das klingt pathetisch und papieren, niemand hat Steine in der Hand. Die Stimmung ist eine gänzlich andere, still und konzentriert, entschlossen, aber friedfertig. Doch die Botschaft kommt an, angesichts der bevorstehenden Konfrontation erfüllt uns alle ein tiefer Ernst. Auch die Genossen scheinen inzwischen zur Gemeinde zu gehören; ruhig sitzen sie in den Bänken, hören aufmerksam zu; keinerlei Zwischenrufe, keine Störaktionen, nichts von dem, was wir von ihnen befürchteten, tritt ein. Die Genossen spenden Beifall, manche versuchen sogar, die Kirchenlieder und Kanons mitzusingen.

Im Folgenden kommen Gemeindemitglieder zu Wort: Es werden Befürchtungen über die Kriminalisierung der Demonstranten geäußert, persönliche Berichte, Gebete und Fürbitten vorgebracht. Als das Friedensgebet beinahe zu Ende ist, kommen überraschend zwei Dresdner zu Wort[89]: Sie berichten von den Zwischenfällen in Dresden, von den Demonstrationen und den ersten Verhandlungen mit der Polizei, von der Entsendung einer Sprechergruppe aus den Reihen der Demonstranten und vom Treffen dieser *Gruppe der 20* mit dem Dresdner Oberbürgermeister am heutigen Tag, dem ersten Versuch eines Dialogs zwischen Demonstranten und Staatsfunktionären. Die Dresdner bitten um Gewaltfreiheit und Initiativen zum Dialog auch in Leipzig und werden mit herzlichem Applaus bedacht.

Draußen hört man wütende Pfeifkonzerte. Immer wieder trommeln Fäuste an die Kirchentüren und begehren Einlass – wir können nicht erkennen, ob aus Übermut, Wut oder Todesangst. Hören wir nur Motorengeräusche oder sind es tatsächlich Schüsse? Schließlich kommt Landesbischof Hempel von der Thomaskirche herübergeeilt und tritt ans Pult. Er ist außer Atem, man sieht ihm seine große Anspannung an. Er sagt, es sei nicht einfach gewesen, zur Nikolaikirche zu gelangen, er hätte lange dafür gebraucht (obwohl die Thomaskirche kaum fünf Minuten Fußweg von St. Nikolai entfernt ist). Er bittet mit gepresster Stimme darum, ihm gut zuzuhören und auf Applaus zu verzichten, damit er sich kurz fassen und anschlie-

---

89 René Baumann und Frank Neubert.

ßend noch die anderen Friedensgebete besuchen könne. Dann spricht er davon, dass ein Dialog zwischen der Regierung und den jungen Leuten auf der Straße nötig sei. Ich freue mich über diese Worte, hieß es doch aus seinem Munde bislang, es sei nicht nötig und sogar falsch, den Dialog zu erzwingen, indem man auf die Straße ginge.

Der wichtigste Satz der bischöflichen Rede lautet: »Damit nicht Blut vergossen wird, bitte ich Sie um Gewaltlosigkeit.« *Das klingt, als wüsste der Mann mehr. Was ist mit dem Schießbefehl? Hempel überbringt Grüße vom katholischen Bischof Reinelt aus Dresden, der sich dieser Botschaft anschließt. (Ein weiteres Signal für die ökumenische Realpolitik der Kirchen in dieser Krise. Wenn es nur immer so wäre!) Der Landesbischof schließt statt mit weiterer Aufklärung oder einem Segen mit dem knappen Gruß:* »Ich wünsche Ihnen gutes Durchkommen. Amen.« *Dann verlässt Hempel hastig die Kirche.*

Nun wird der Aufruf der Leipziger Sechs verlesen. Sechs Prominente der Stadt, darunter der Gewandhauskapellmeister, aber auch drei Parteifunktionäre melden sich zu Wort: »Unsere gemeinsame Sorge und Verantwortung haben uns heute zusammengeführt. Wir sind von der Entwicklung in unserer Stadt betroffen und suchen nach einer Lösung. Wir alle brauchen einen freien Meinungsaustausch über die Weiterführung des Sozialismus in unserem Land. Deshalb versprechen die Genannten heute allen Bürgern, ihre ganze Kraft und Autorität dafür einzusetzen, daß dieser Dialog nicht nur im Bezirk Leipzig, sondern auch mit unserer Regierung geführt wird. Wir bitten dringend um Besonnenheit, damit der friedliche Dialog möglich wird.«[90]

Beifall brandet in der Kirche auf, die Genossen klatschen und staunen. Die Namen der Unterzeichner lassen aufhorchen: Prof. Kurt Masur, der Theologe Dr. Peter Zimmermann, der Kabarettist Bernd-Lutz Lange und die SED-Funktionäre Dr. Kurt Meyer, Jürgen Pommert und Roland Wötzel. Eine Sensation, die in diesem Moment kaum genossen werden kann. Niemand weiß, ob sie noch nützt. Denn draußen hört man Sprechchöre tosen,

---

90 Leipziger Flugblatt vom 9. Oktober 1989, zit. nach: Aufbruch 89, S. 70 f.

Die Leipziger Bürger Prof. Kurt Masur, Pfr. Dr. Peter Zimmermann (Theologe) der Kabarettist Bernd-Lutz Lange und die Sekretäre der SED-Bezirksleitung Dr. Kurt Meyer, Jochen Pommert und Dr. Roland Wötzel wenden sich mit folgendem Aufruf an a l l e Leipziger:

Unsere gemeinsame Sorge und Verantwortung haben uns heute zusammengeführt.
Wir sind von der Entwicklung in unserer Stadt betroffen und suchen nach einer Lösung.
Wir alle brauchen einen freien Meinungsaustausch über die Weiterführung des Sozialismus in unserem Land.
Deshalb versprechen die Genannten heute allen Bürgern, ihre ganze Kraft und Autorität dafür einzusetzen, daß dieser Dialog nicht nur im Bezirk Leipzig, sondern auch mit unserer Regierung geführt wird.
Wir bitten Sie dringend um Besonnenheit, damit der friedliche Dialog möglich wird.

18.00 Uhr über Sender Leipzig

Aufruf der Leipziger Sechs.

Sirenen jagen durch die Stadt. Man spürt, dass Menschenmassen in den Straßen unterwegs sind und weiß nicht, was genau geschieht. Was wir hören, klingt bedrohlich.

Als Pfarrer Christian Führer während des Schlusschorals die Kirchentüren öffnet und auf den von Menschenmassen erfüllten Vorplatz blickt, meint er zu den Umstehenden: »Geht noch ein bißchen zur Seite, hier wollen noch 2400 Leute auf die Straße raus, wir wollen alle mit euch zusammen sein«[91] Und wie bei einem biblischen Wunder finden nach und nach auch die vielen hundert Besucher des Friedensgebetes Platz in der von wartenden Menschen überfüllten Leipziger Innenstadt, in der es inzwischen dunkel geworden ist.

---

91 Kuhn: Wir sind das Volk, S. 130.

Stets im Blick der Stasi: Pfarrer Führer
an der Eingangstür der Nikolaikirche.

In der Thomaskirche auf der westlichen Seite des Stadtzentrums fordert zur selben Zeit Superintendent Johannes Richter abschließend die im überfüllten Kirchenschiff Versammelten auf, friedlich nach Hause zu gehen – und nicht in die Innenstadt. Doch als sich dort die Kirchentüren öffnen (hinter denen mancher die Einsatzkräfte befürchtet, die eine Woche zuvor am Bachdenkmal zugeschlagen hatten), begeben sich nahezu alle Besucher auch dieses Friedengebetes geradewegs ins Stadtzentrum.[92]

---

92 Ebd.: S. 129.

Anatomie des Wendepunkts

»... ich weiß von vielen jungen Menschen, die alles riskiert haben, die sich von ihren Eltern verabschiedet haben an diesem Tag, die wussten, dass ... das chinesische Beispiel stattfinden konnte.« (Kurt Masur)

»Am 9. Oktober haben wir uns von den Kindern verabschiedet und uns gesagt: Also wir wissen jetzt nicht, wie's weitergeht, wir gehen aber.«
(Eine Leipzigerin)

Ouvertüre

In seiner Festrede zum vierzigsten Jahrestag der DDR am 7. Oktober 1989 macht Michail Gorbatschow eine Bemerkung, die vielen kryptisch erscheint. Er zitiert den russischen Diplomaten und Lyriker Fjodor Tjutschew, der zu Bismarcks Zeiten Gesandter in Bayern war, mit den Worten: »Zur Einheit – wie der Große prophezeite – wird man mit Eisen und Blut getrieben ... Doch wir versuchen es mit Liebe. – Wer recht hat, wird die Zeit entscheiden.« Gorbatschow gibt im Nebensatz eine Verständnishilfe, ehe der Rest seiner Rede wieder in tönendem Sozialismusgeschwafel versinkt: Es gehe um »unsere Beziehung zur BRD«. Nicht nur der hoffnungslos der Realität entfremdete Honecker ist an diesem Tag nicht in der Lage, die Signale zu deuten.[93] Am darauf folgenden Sonntag plaudert Mieczysław Rakowski, Chef der Polnischen Vereinigten Arbeiterpartei, mit Gorbatschow über die Eindrücke bei den Feiern. Während des Aufmarsches vor der Ostberliner Jubeltribüne waren den beiden die »Gorbi, Gorbi! Gorbi hilf uns!«-Rufe zu Ohren gekommen. Rakowski meint »... es sähe so aus, als ob sie hier wünschten, zum zweiten Mal von der UdSSR befreit zu werden.« – Gorbatschow muss darüber sehr lachen.[94]

Noch bevor der folgende Montag anbricht, weiß das ganze Land, dass ein besonderer Tag bevorsteht. Man fragt sich, ob

---

[93] »Ich glaube, Gefahren warten nur auf jene, die nicht auf das Leben reagieren.« sagt Gorbatschow offenbar mehrfach in jenen Tagen – ein Satz, der abgewandelt zum Sprichwort avanciert.
[94] Zit. nach Bollinger: Keine Gewalt, in: Disput, Berlin 2004, S. 46 f.

es nach den Konflikten und Drohungen der letzten Tage wieder eine Montagsdemonstration in Leipzig geben wird. Auf Regierungsebene ist man vorbereitet: Verteidigungsminister Keßler lässt die Fallschirmjägerkompanie des 40. Luftsturmregiments aus Lehnin nach Leipzig-Gohlis verlegen und Gefechtsbereitschaft herstellen, indem insgesamt 3000 Soldaten mit Schlagstöcken ausgerüstet werden.[95] Stasichef Mielke setzt für den 9. Oktober einen Komplexbefehl in Kraft, der sämtliche seiner bewaffneten Einheiten betrifft.[96] Zwischen Erich Mielke, Egon Krenz, Innenminister Dickel und Verteidigungsminister Keßler werden Absprachen für den Einsatzfall getroffen, man steht in ständiger Verbindung. Staatlicherseits wird die »chinesische Lösung« vorbereitet.

Innenminister Dickel hat schon am 6. Oktober 1989 die Konzeption für die Niederschlagung der zu erwartenden Demonstration am 9. Oktober in Leipzig bestätigt – die Entscheidungsgewalt liegt nach dem Prinzip der militärischen Einzelleitung nun bei der Leipziger Bezirkseinsatzleitung[97] unter der Führung von Helmut Hackenberg, dem ersten Sekretär der SED-Bezirksleitung Leipzig.[98] Hackenberg hatte in einem Brief vom 5. Oktober an Krenz gemeldet, dass in Leipzig alle erforderlichen Maßnahmen eingeleitet seien, um mögliche Provokationen »... schon im Keim zu ersticken«. Darin berichtet er auch von Plänen, die Leipziger Vorgänge am 9. Oktober durch das DDR-Fernsehen dokumentieren zu lassen, um den Erfolg später propagandistisch verwerten

---

95 Vgl. Hollitzer: Heute entscheidet es sich, in: Horch und Guck 2/98.
96 Vgl. Richter/Sobeslavsky: Die Gruppe der 20, S. 67.
97 Die Kreis- und Bezirkseinsatzleitungen waren regional die obersten militärischen Führungsgremien und dem Nationalen Verteidigungsrat unterstellt. Neben dem Ersten Sekretär der SED-Kreis- bzw. Bezirksleitung, der stets den Vorsitz innehatte, gehörten dazu die Vorsitzenden der Räte der Kreise/Bezirke, die Leiter der Volkspolizei-Kreis- bzw. Bezirksämter, der Wehrkreis- bzw. Bezirkskommandos und die Chefs der MfS-Kreisdienststellen bzw. Bezirksverwaltungen.
98 »Grundlagen und Dokumente in Vorbereitung des 40. Jahrestages der DDR« Arbeitsmaterial der BDVP Leipzig o. D., S. 1–9, zit. nach Hollitzer: Der friedliche Verlauf des 9. Oktober in Leipzig – Kapitulation oder Reformbereitschaft?; Vorgeschichte, Verlauf und Nachwirkung. in: Heydemann/Mai (Hrsg.): Revolution und Transformation in der DDR 1989/90 Berlin 1999, S. 249.

zu können.[99] Außerdem werden erstmals Reporter und Fotografen der *Leipziger Volkszeitung* (LVZ) zur Nikolaikirche geschickt, für deren erweiterte Dienstagsausgabe vorsorglich zusätzliches Papier herbeigeschafft wird. Die Redaktion der LVZ wurde am Vortag durch die Bezirksverwaltung der Staatssicherheit auch von der Möglichkeit der Verhängung des Ausnahmezustandes in Kenntnis gesetzt. Die Niederschlagung des sich anbahnenden Leipziger Aufstandes soll als abschreckendes Exempel in den Medien der DDR »ausgewertet« werden.[100] Der Theaterregisseur Manfred Weckwerth, Leiter des Berliner Ensembles, berichtet, dass Volkskammerpräsident Horst Sindermann in Berlin den auf Leipzig gemünzten Satz spricht: »Die Konterrevolution ist im Keim zu ersticken.«[101]

Auch die SED in Leipzig bereitet sich und die Stadt auf den großen Tag vor: Zunächst wird durch Propagandisten stadtweit die »Gesprächstätigkeit gezielt in den Arbeitskollektiven verstärkt«, wobei neben den Betrieben vor allem die Hoch- und Fachschulen ins Visier genommen werden, wo die Sympathien für die Demonstranten und das Neue Forum offenbar besonders stark sind. Auch in Parteikreisen empfindet man ein existenzielles Defizit an politischer Führung: Man erwartet »eine öffentliche Äußerung der Parteiführung zur aktuellen Situation im Lande«, man bemängelt »fehlende ZK-Informationen«. Offenbar war Honeckers Rede zum 7. Oktober doch nicht so wegweisend, wie am Tag zuvor auf allen Titelseiten vermeldet. Innerparteilich werden die Medien massiv kritisiert: »Vermisst wird Bildmaterial und Berichte über Angriffe auf bewaffnete Organe, damit der Medienrummel der BRD Lügen gestraft wird.« – was natürlich schwierig ist, da, anders als die Genossen an der Basis glauben, solche Übergriffe gar nicht existieren. Gefordert wird von ihnen schon am Morgen des 9. Oktobers »Dialog statt antisozialistischer Demonstra-

---

99   Der Film des Fernsehens der DDR »Der 9. Oktober 1989 in Leipzig« (siehe Anhang) verarbeitet 1990 diese Aufnahmen.
100 Verantwortlich ist der SED-Bezirksleiter für Agitation und Propaganda, siehe chiffriertes Fernschreiben Hackenbergs an Krenz vom 5. 10. 1989, vgl. Schwabe/Dietrich: Freunde und Feinde, S. 446, Dokument 235.
101 Hertle: Zur Leipziger Montagsdemonstration vom 9. Oktober 1989, in: Frankfurter Rundschau vom 9. Oktober 1999.

tionen«. Auch in den Leipziger Parteikreisen hat man »Angst vor Eskalation der Gewalt«.[102]

Noch am Sonntagabend hat Stasibezirkschef Manfred Hummitzsch seine Einheiten über die neuesten Befehle aus Mielkes Zentrale informiert. Es geht unter anderem darum, die vermuteten »Rädelsführer« der Demonstrationen ausfindig zu machen und zu verhaften – ein schwieriges Unterfangen, denn die Leipziger Demonstrationen entstehen mehr oder weniger spontan, in jedem Falle aber ungeordnet: Es gibt zwar engagierte politische Aktivisten, aber keine wirklichen Organisatoren, keine feste Logistik, keine klaren Absprachen oder gar Planungen für die Proteste auf der Straße.

Der Leiter der Stasi-*Arbeitsgruppe für Spannungsfälle* lässt noch am Abend seine Untergebenen wissen, dass nun endgültig eine »besondere Situation, ein neuer 17. Juni« eingetreten sei.[103] In den inneren Zirkeln des »Arbeiter-und-Bauernstaates« ist man sich der Bedeutung des kommenden Tages bewusst. Berichterstattung westlicher Journalisten soll konsequent verhindert werden. Ähnlich werden die Leipziger Polizisten auf den 9. Oktober 1989 eingestimmt: »Heute entscheidet sich – die oder wir!« und »Heute wird ein für alle mal Schluß gemacht mit der Konterrevolution!« sind die Parolen der Kommandeure am Montagmorgen, von denen junge Bereitschaftspolizisten später berichten.[104] Im Vorfeld des ersten Leipziger Montags nach dem Nationalfeiertag sind die Sicherheitskräfte der Stadt angewiesen, folgende Ausrüstung vorzubereiten: Abschussgeräte für Reizwurfkörper (Tränengas), LKW mit Sperr- und Räumschilden, Wasserwerfer – zwei davon sollen, mit Farbtanks zur Markierung flüchtender Demonstranten versehen, am Hauptbahnhof postiert werden.

Die Leipziger Volkspolizei setzt für diesen Montag über 3100 Polizisten in Einsatzbereitschaft, 1755 davon kom-

---

102 Alle Zitate aus der internen »Information zur Lage« der SED, Stadtbezirksleitung Leipzig-Mitte vom 9. 10. 1989 (gez. 2. Sekretär Hagen Günther), Dokument im Archiv Bürgerbewegung Leipzig (Signatur ABL 9.1.148.)
103 Vgl. Hollitzer: Der friedliche Verlauf des 9. Oktober in Leipzig. in Heydemann, Mai und Müller (Hrsg.): Revolution und Transformation in der DDR 1989/90, Berlin 1999
104 Dokumentation der DEFA-Gruppe »documenta« vom November 1989, DFF 1990 »Leipzig im Herbst – Aufbruch 1989«.

men aus anderen Orten. Es stehen 8 Hundertschaften an Kampfgruppen mit insgesamt 610 Männern aus Leipziger Betrieben bereit.[105] 1500 Soldaten der NVA warten in den Außenbezirken der Stadt auf ihren Einsatz.[106] Nach Angaben des Wehrbezirkskommandanten Generalmajor Diederich werden mehrere Armee-Hundertschaften aus Delitzsch und Bad Düben zum Schutz von Hauptbahnhof, Hauptpost und Sender Leipzig vor den Demonstranten mit Schlagstöcken ausgerüstet.[107] Außer den über 5200 bewaffneten Einsatzkräften[108] befindet sich eine unbekannte Zahl an Mitarbeitern der Staatssicherheit in Einsatzbereitschaft. Zudem werden zahllose unbewaffnete Zivilisten aus dem SED-Umfeld für diesen Tag alarmiert und als »gesellschaftliche Kräfte« in die Strategie zur Ausbremsung der Demonstranten eingebunden. An den Bahnstrecken in und um Leipzig bereiten sich Hunderte von Transportpolizisten auf einen Sondereinsatz vor. Sie sind, ebenso die Verkehrspolizei an den Zufahrtsstraßen der Stadt, beauftragt, zu verhindern, dass potenzielle Demonstrationsteilnehmer nach Leipzig gelangen.

»Gemäß der zentralen Linie legte die vom Chef der Deutschen Volkspolizei Leipzig, Generalmajor Straßenburg, erarbeitete und vom Innenminister bestätigte Einsatzkonzeption fest, Menschenansammlungen am 9. Oktober in Leipzig nicht zuzulassen. Für die Durchsetzung dieses Zieles wurden etwa 8.000 Einsatzkräfte – Volkspolizisten, zentrale Reserven des MdI, Kampfeinheiten des MfS, Betriebskampfgruppen, Hundertschaften der NVA – aufgestellt; ca. 5.000 ›gesellschaftliche Kräfte‹ – Mitglieder bzw. Mitarbeiter der SED sowie staatlicher Organe – erhielten den Parteiauftrag, die Feinde ideologisch und agitatorisch zu überwältigen. Sollte

---

[105] Laut »Entschluß des Chefs der BDVP Leipzig zum Ordnungseinsatz am 9. Oktober 1989«, Kopie in: Minderheitenvotum Arnold, Anlage S. 663 ff., in: Dokumentensammlung beim Sächsischen Landesbeauftragten für die Stasi-Unterlagen, Ordner 176.
[106] Seit dem 6. Oktober stehen in allen Bezirken der DDR Armeekräfte auf Abruf, um – verfassungswidrig – die Polizei im Kampf gegen staatskritische Demonstranten zu unterstützen.
[107] In der Dokumentation »Der 9. Oktober 1989 in Leipzig« des DDR-Fernsehens
[108] In »Heute vor zehn Jahren« spricht Hollitzer von 8000 bewaffneten Kräften (S. 501).

es diesem Massenaufgebot wider Erwarten nicht gelingen, die Demonstranten abzudrängen und an der Bildung eines Demonstrationszuges zu hindern, war als nächste Maßnahme die Auflösung bzw. Aufspaltung des Demonstrationszuges mit anschließender Zerschlagung oder Einkesselung seiner Teile vorgesehen.«[109] Die zentrale Linie – das ist vor allem das vom nationalen Verteidigungsrat und seinem Vorsitzenden Erich Honecker für den 9. Oktober vorgegebene Ziel, die »zu erwartenden Krawalle von vornherein zu unterbinden«, das für Armee, Polizei, Stasi und SED gleichermaßen vorgegeben war.[110] Der Nationale Verteidigungsrat ist auch für die landesweite Zufuhr und Koordination von »bewaffneten Organen« aus den anderen Bezirken nach Leipzig verantwortlich, die Ministerien des Innern und der Verteidigung führen aus.

Doch auch die Opposition bereitet sich auf den bevorstehenden Tag vor. Im Gemeindehaus der Lukaskirche stellen am 8. Oktober Mitglieder der Basisgruppen *Arbeitskreis Gerechtigkeit*, der *Arbeitsgruppe Menschenrechte* und der *Arbeitsgruppe Umweltschutz* an Pfarrer Wonnebergers alter Handvervielfältigungsmaschine für Wachsmatrizen per Hand etwa 25 000 Flugblätter her, die Polizei und Demonstranten zur Friedfertigkeit aufrufen. Und der Student Thomas Heinemann berichtet von jenem »Tag vor dem 9. Oktober« Erstaunliches: ... »russische Soldaten fragten uns vor der Uni, ob wir ›*Bum-Bum für Demo brauchen*‹ ... wo lebe ich hier eigentlich? Die Typen hatten doch tatsächlich paar Raketen in ihren Beuteln. Endlich waren die ›*Freunde*‹ mal auf unserer Seite ...«[111]

Im schriftlichen »Entschluß des Leiters des VPKA Leipzig«[112] vom 8. Oktober 1989 wird für den kommenden Tag die Bildung von »Festnahmegruppen« geplant. Aufschlussreich sind die Zahlen, mit denen man die Verhaftungen für

---

109 Vgl. Anm. 101.
110 Vgl. S. 51 f.
111 Vgl. Heinemann: Gedächtnisprotokoll zum Herbst '89 vom 19. September 1999, in: URL: http://www.chlab.net/waschlabben/artikel/20040927.html, [Stand: 3. 7. 2007].
112 »Entschluß des Leiters des VPKA Leipzig« vom 08. 10. 1989, Blatt 1–16, in: Sächsisches Staatsarchiv Leipzig: StAL, BDVP, 12388, zit. nach Hollitzer: Der friedliche Verlauf des 9. Oktober 1989, S. 270. (VPKA: Volkspolizeiamt).

den bevorstehenden Tag kalkuliert: Im Hof II des Volkspolizeikreisamtes will man maximal 50 Personen inhaftieren, im Polizeirevier Süd maximal 30, und in den Hallen 51 und 61 auf dem Gelände der Landwirtschaftsmesse AGRA in Markkleeberg insgesamt 400 Personen. Die Leipziger Polizei rechnet im Vorfeld des 9. Oktober also mit höchstens 480 nötigen Verhaftungen, um die Demonstration wirksam unterbinden zu können. Eine Zahl, die beweist, wie krass die Fehleinschätzung der bevorstehenden Situation durch die »staatlichen Organe« ausfällt. Das Erstaunen der Einsatzleiter angesichts der realen Demonstration am nächsten Tag dürfte ebenso groß gewesen sein wie ihre Hilflosigkeit – ihre Planung wird sich angesichts der Wirklichkeit als unbrauchbar erweisen.

Im »Entschluß des Leiters des VPKA Leipzig« wird formuliert, was am folgenden Tag »... im Zusammenhang mit den seit März 1988 wöchentlich stattfindenden »Montagsgebeten« genau geschehen soll: »Das Ziel des Einsatzes besteht in der Auflösung rechtswidriger Menschenansammlungen und ... in der dauerhaften Zerschlagung gegnerischer Gruppierungen sowie der Festnahme der Rädelsführer.«[113]

Dann beginnt der Tag, auf den alle mit Bangen warten.

Chronik eines Volksaufstands

7.30 Uhr:
Die Leipziger Bezirkseinsatzleitung tagt, Anlass ist ein Telegramm Honeckers. Die Runde stellt fest, dass die Demonstration nicht zu verhindern ist, will man keinen Bürgerkrieg in der Innenstadt riskieren. Die Strategie lautet: Keine Zugriffe in den Fußgängerzonen der Innenstadt; sobald sich jedoch ein Demonstrationszug auf den Ringstraßen formiert, eingreifen und auflösen.

Um eine Demonstration zu verhindern, streuen die unteren

---

113 Ebd.: Blatt 2.

SED-Funktionäre und Zuträger der Staatssicherheit Informationen, dass heute scharf geschossen würde. An den Zufahrtsstraßen am Stadtrand postieren sich motorisierte NVA-Truppen. In Schulen, Betrieben, aber auch in Kirchgemeinden werden Empfehlungen gegeben, heute auf keinen Fall in die Leipziger Innenstadt zu gehen. Wer sich dort aufhielte, gebe sich als Staatsfeind zu erkennen und sei in Lebensgefahr. SED-intern heißt es, das ZK hätte einen »Zehnpunkteplan zur Niederschlagung der Konterrevolution in Leipzig« beschlossen.[114] Die Geschäfte der Innenstadt werden informiert, dass sie bis 17 Uhr schließen müssen; Kinder aus den Kindergärten der Innenstadt seien bis spätestens 15 Uhr abzuholen. Die Leipziger Kampfgruppen werden in erhöhte Alarmbereitschaft versetzt.

8 Uhr:
Die Schulleiterin einer POS[115] schickt die Schüler mit der Begründung nach Hause, es würde heute in der Stadt Schlimmes geschehen und sie seien zu Hause besser aufgehoben. Die Schüler eines Internats dürfen das Haus nicht verlassen, da »...heute die Staats- und Parteiführung mit den Konterrevolutionären abrechnen wird.«[116]

Von der Hans-Beimler-Oberschule und der Bruno-Kühn-Oberschule werden staatsfeindliche Wandzeitungsäußerungen gemeldet: »Jeden Montag Demo!«, »Neues Forum!«, »Gorbi hilf uns!«, »Stasi raus!« ist dort zu lesen. Die Stadtorganisation der SED kritisiert, dass in der Alfred-Frank-Oberschule Lehrer darüber besorgt sind, dass »unsere Volkspolizei« gegen Demonstranten vorgeht.[117]

9 Uhr:
Bei der Diensteinweisung ordnet der Direktor der Universitätsklinik, Oberarzt Keitel, an, sich auf die »Niederschlagung der Konterrevolution« vorzubereiten. Da unklar ist, mit

114 Vgl. Aussage von Ewald Diehn, in: Jetzt oder nie – Demokratie!, S. 86.
115 Polytechnische Oberschule, Regelschule Klasse 1–10.
116 Kuhn: Wir sind das Volk, S. 76, 78.
117 »Information zur Lage« der SED Leipzig-Mitte vom 9. 10. 1989, a. a. O. (siehe Anm. 102).

welchen Verletzungen zu rechnen ist, beginnt man sich sowohl auf Schlag- als auch auf Schussverletzungen einzustellen.[118]

SED-ZK-Sekretär Krenz empfängt in Berlin überraschenden Besuch von seinem Leipziger Freund Prof. Walter Friedrich, der sich sorgt: »Egon, es darf kein Blut fließen heute Abend in Leipzig.« Der Leiter des Zentralinstitutes für Jugendforschung übergibt Krenz eine Erklärung, in der er feststellt, dass die SED mit einer Opposition leben müsse, und den Rücktritt Honeckers empfiehlt. Sein Eindruck von Leipzig vor Abreise am frühen Morgen: »Die Menschen waren … in panikartiger Angst geradezu, von Tag zu Tag verstärkten sich die Gerüchte …: An diesem Tag wird in Leipzig etwas passieren und die bisherigen, relativ friedlichen Demonstrationen … würden ein Ende finden.«[119] Krenz nimmt diese Sorgen ohne besondere Erwiderung zur Kenntnis.

10 Uhr:
Bei den am Morgen organisierten »vielfachen Aussprachen in den Arbeitkollektiven« durch die Leipziger SED kommt es zu Solidaritätsbekundungen für das Neue Forum. Aus Leipzig Mitte wird gemeldet: »Als Schwerpunkt kristallisieren sich die Berufschulen des VTK[120], des Datenverarbeitungszentrums und des Baukombinats Leipzig … heraus, in denen die seit Tagen geführte Diskussion durch Genossen nicht bei Lehrlingen fruchten.« Stadtbezirk Südwest meldet Ähnliches: An der Ingenieurschule für Pharmazie äußern sich »10 Jugendfreundinnen« positiv über die Demonstrationen; von der 52. Oberschule und der Nikolai-Rumjanzew-Oberschule wird bekannt, dass sich Schüler der zehnten Klassen zum Neuen Forum und den »Vorgängen an der Nikolaikirche« bekennen. »Ähnliche Bekenntnisse wurden bei den Lehrlingen im VEB Gisag festgestellt.«[121]

---

118 Vgl. MDR-Dokumentation »Die werden doch nicht schießen« von 1999.
119 Kuhn: Wir sind das Volk, S. 86 ff.
120 Verkehrstechnisches Kombinat.
121 »Information zur Lage« der SED Leipzig-Mitte vom 9. 10. 1989, a. a. O. (siehe Anm 102).

11 Uhr:
Der Chefarzt der Städtischen Klinik »Georg Sacke« bittet seine Mitarbeiter in einer Ansprache, nicht an der heutigen Demonstration teilzunehmen, er hätte aus zuverlässiger Quelle Informationen, dass mit Schießbefehl seitens der militärischen Einsatzkräfte zu rechnen sei. [122]

In einer Dozentenversammlung an der Karl-Marx-Universität werden ausgewählte SED-Angehörige aufgefordert, unverzüglich die Nikolaikirche zu besetzen. Der spätere Dekan der Leipziger Medizinischen Fakultät Prof. Gottfried Geiler berichtet, dass das Rektorat ein klares Verbot an alle Hochschullehrer und Dozenten ausspricht, sich an den Demonstrationen zu beteiligen, »… da ansonsten Relegierungen ins Haus stünden.« [123]

Unter Überschriften wie »Wir wollen Ruhe und Ordnung in unserer Stadt« geben in der *Leipziger Volkszeitung* Leser ihrer staatsbürgerlichen Empörung über die Unruhe in ihrer Stadt, verbunden mit Bekenntnissen zum Arbeiter-und-Bauern-Staat, Ausdruck, darunter der Direktor des Musikverlags Edition Peters, Norbert Molkenbur: »Falls die Zusammenrottungen eskalieren und sich weiter kriminalisieren, falls die sozialistische Staatsmacht weiterhin verunglimpft wird, kann das kein gutes Ende nehmen.« Die beliebte Rubrik *Aus dem Gerichtssaal* bringt den Bericht »Krimineller wollte Menge zur Gewalt aufwiegeln«. Darin wird der offenbar alkoholisierte Ausreisekandidat Holger T. als Massenaufwiegler der Demonstration vom 2. Oktober 1989 dargestellt. In einem auch für DDR-Verhältnisse blitzartigem Verfahren wurde er vor dem Kreisgericht Leipzig Mitte zu zwei Jahren und zwei Monaten Haft wegen »schweren Rowdytums und öffentlicher Herabwürdigung« verurteilt: »Dieser Prozess macht deutlich, daß die Verletzung

122 Vgl. Aussage von Dr. A. Rädler in: Jetzt oder nie – Demokratie!, S. 82.
123 Vgl. Gerber: Die Würde des Menschen ist unantastbar … Gespräch mit Professor Dr. med. Gottfried Geiler über die Universitätserneuerung 1990/91 und die Ethik ärztlichen Handelns, in: Der Kleine Advokat, Juni/Juli 1998, in: URL: http://www.stud.uni-leipzig.de/~advokat/at98jun/geler.htm, [Stand: 3.7.2007].

von Recht und Gesetz nicht geduldet und entsprechend unseres
Rechts geahndet wird. In unser aller Interesse.«[124]

12 Uhr:
In Berlin empfängt Honecker eine chinesische Staatsdelegation unter Leitung des stellvertretenden Ministerpräsidenten Yao Yilin. Beim Empfang bezeichnet er »... das unbedingte Festhalten am Sozialismus als grundlegende Lehre aus dem konterrevolutionären Aufruhr in Peking.«[125]

Etliche Leipziger Pfarrer werden von staatlichen Vertretern besucht: Man versucht, sie von der Teilnahme an der Demonstration abzuhalten und drängt sie, darauf hinzuwirken, dass auch die Gemeindemitglieder sich nicht beteiligen.

In der 21. Volkspolizeibereitschaft »Arthur Hoffmann« in der Essener Straße wird bekannt gegeben, dass die Einsatzkräfte alte Kampfanzüge zu tragen hätten, da die bereitstehenden Wasserwerfer zur Markierung der Demonstranten mit farbiger Flüssigkeit gefüllt seien. Die neuen Kampfanzüge sind zu schonen.[126]

Unter den Leipziger Bereitschaftspolizisten im Grundwehrdienst wird, um Befehlsverweigerungen vorzubeugen, das Gerücht gestreut, es gälte der Ausnahmezustand. »Wenn man jetzt sagt ›Ich nicht!‹ – dann gibt es ein Militärgericht, dann gibt es Schwedt ...«[127]

An der Nikolaikirche wird ein Tuch mit der Aufschrift: »Leute, keine sinnlose Gewalt, reißt Euch zusammen, lasst die Steine liegen« angebracht. (Später, um 15.14 Uhr, entscheidet Bezirksstasichef Hummitzsch im Telefongespräch

---

124 Leipziger Volkszeitung vom 9. Oktober 1989.
125 Dies wertet der Dresdner SED-Oberbürgermeister Berghofer 1999 als »klare Kampfansage der DDR-Führung« in Richtung Leipzig, vgl. Richter/Sobeslavsky: Die Gruppe der 20, S. 67.
126 Vgl. Aussage von Silvio K. in: Jetzt oder nie – Demokratie!, S. 70.
127 Vgl. Aussage von T. Dörre, in: Bohse/Hollitzer: Heute vor zehn Jahren, S. 486. In Schwedt befand sich das einzige Militärgefängnis der DDR, es war Synonym für die berüchtigten Disziplinarmaßnahmen.

mit Polizeichef Straßenburg, dass das Plakat hängen bleiben darf.) [128]

Gegen die Festnahme einiger Personen auf dem Platz vor der Oper wird mit einem Hupkonzert protestiert. [129]

Auf die Wandtafel im Foyer der Leipziger Musikhochschule sieht der Gesangsstudent Sebastian Krumbiegel ein einziges Wort geschrieben. »Schießbefehl!« [130]

Die Studentin Sylvia Kupicka verzeichnet in ihrem Tagebuch: »Morgens um 10 Uhr komme ich auf dem Hauptbahnhof an – wie immer mit einer halben bis einer Stunde Zugverspätung. Und wie immer ist Leipzig: hektisch, dreckig, verrußt. Leise setze ich mich in das laufende Seminar in der Theaterhochschule und versuche zuzuhören. ... Der Chef der Theaterhochschule betritt unseren Seminarraum in der Pause. Wir werden von ihm eindringlich gebeten nicht die Innenstadt zu betreten. Es gäbe einen Schießbefehl. Man befürchte einen »Himmlischen Frieden« und die Schule möchte keinen seiner Studenten und Studentinnen verlieren. Was für ein Satz! Wir befürchten ... einen himmlischen Frieden ... Das heißt, den grotesken Vorgang mitdenken, dass auf dem ›Platz des Himmlischen Friedens‹ in Peking Studenten von Soldaten niedergewalzt und niedergeschossen wurden. Würde man mich auch niederwalzen ... mit einem Panzer? Wenn heute hier geschossen werden würde, sähe mich dieses Land mein Lebtag nie wieder: Auswandern oder Tod. So steht es um uns. In der Pause zwischen den Seminaren fliegen Gerüchte vorbei ... heute kein Unterricht ... alle nach Hause fahren ... eine Hochschulversammlung wird einberufen ... Wir fressen uns durch zähe Stunden. Kommt jemand den Schulgang

---

128 Vgl. Hollitzer: Der friedliche Verlauf des 9. Oktobers 1989, a. a. O. (siehe Anm. 103)
129 Archiv Bürgerbewegung Leipzig, Internet-Chronik: URL: www.archiv-buergerbewegung.de/Texte/Zeittafel.htm#Oktober. [Stand: 20.06.2007].
130 Berichtet der Sänger der »Prinzen« in der ZDF-Dokumentation »Wir sind das Volk« von 1999.

entlang, entgleitet meine Fantasie: Ich bilde mir ein, dass die Tür aufgerissen und ein Gewehr in den Raum gehalten wird. Ich stelle mir vor, wie uns jemand mit verzerrtem Gesicht anschreit: ›Los raustreten, ihr Schweine.‹ Ich höre kolonnenlange Panzerzüge in den Straßen fahren. Tatsächlich kreisen seit Stunden kleine Flugzeuge über Leipzig.«[131]

13 Uhr:
Im Rathaus findet eine Einweisung der SED-Genossen statt, die die Nikolaikirche besetzen sollen. Es soll erreicht werden, dass die Besucher des Friedensgebetes nicht in die Kirche gelangen, »...damit draußen der harte Kern der Demonstranten gefasst werden kann.«[132] Man fordert die Genossen auf, ihr Parteiabzeichen abzulegen. Eine kontroverse Diskussion wird unterbunden, stattdessen eilt man zur Kirche hinüber.[133] Die Zeugin Henrike Dietze, damals SED-Mitglied an einer Leipziger Universitätssektion, erinnert sich: »Um 12.00 Uhr die Einweisung durch den Parteisekretär ... wir sollten uns darauf vorbereiten, in der Kirche, je nachdem wie es sich entwickelt, zu diskutieren. Aber falls es sich dramatisch entwickeln würde, müssten wir damit rechnen, mit verladen zu werden. Wir sollten uns darauf einstellen. Dann eine zentrale Einweisung im Rathaus. Wie ich später erfuhr, hätten es 1000 von der Uni sein müssen, 500 aus dem Staatsapparat, zur Hälfte aber unbedingt Frauen. Es wurde offensichtlich in unterschiedlichen Räumen eingewiesen. Einige hatten abgelehnt, wollten sich nicht gegen die Kirche für irgendwelche ominöse Aktionen missbrauchen lassen ... Einigen meiner Kollegen hatte ich auf dem Weg ins Rathaus erzählt, wie das so eine Nacht lang auf der *agra* sein kann, wie es am Montag davor war. Ich wusste es ja von dem Vater in der Nachbarschaft. Eine Kollegin, der ich es absichtlich sehr

---

131 Zit. aus dem privatem Tagebuch von Sylvia Krupicka.
132 Laut MDR-Dokumentation »Die werden doch nicht schießen« von 1999.
133 Ab Januar 1989 entsandten Stasi und Partei in Leipzig »gesellschaftliche« Kräfte zur »Beruhigung« der Friedensgebete, oft FDJ-Funktionäre oder Schüler der Bezirksparteischule der SED – vgl. auch Dietrich/Schwabe: Freunde und Feinde, S. 268, Dokument 131.

deutlich und ›genüsslich‹ erzählt hatte, habe ich dann in der Kirche nicht mehr gesehen.«[134]

In einem Schreiben von Hackenberg wird angewiesen: »... vorbeugende Maßnahmen gegen negativ-feindliche Handlungen von Kräften des politischen Untergrunds im Bereich der Leipziger Innenstadt (Schwerpunkt Nikolaikirche, Thomaskirche und Reformierte Kirche) durch Mitglieder der Partei in Größenordnungen zu ergreifen sind, die das Auftreten konterrevolutionärer und rowdyhafter Elemente ausschließen. Dazu sind am 9. Oktober 1989 – 15.00 Uhr – aus dem Stadtparteiaktiv, dem sozialistischen Jugendverband, der Gewerkschaft 5000 Partei-, FDJ- und Gewerkschaftsmitglieder auf dem Vorplatz der Nikolaikirche zu formieren. Beim Einsatz ist zu sichern, dass mit Öffnung der Nikolaikirche zum ›Gebet‹ sofort 2000 Parteiaktivisten im Innenraum Platz nehmen und der Zugang negativer Kräfte weitgehend eingeschränkt wird. Die Mitglieder der Partei und FDJ, die nicht im Kircheninnern Platz finden, übernehmen den Auftrag, die Formierung negativer Kräfte auf dem Kirchplatz zu verhindern. Es ist eine Reserve von 500 Genossen zu schaffen, die bei beabsichtigten Veranstaltungen in der Thomas- und Reformierten Kirche sofort zum Einsatz kommen kann.«[135] Dieser Plan wird nun in die Tat umgesetzt.

Die Besetzung der Nikolaikirche durch die SED-Genossen wird nicht verhindert, da das Gebäude, wie das Schild am Eingang verspricht, tatsächlich »offen für alle« steht. Die Genossen, die keinen Platz mehr finden, füllen bereits am frühen Nachmittag den Nikolaikirchhof, um »die Formierung negativer Kräfte« zu verhindern. Auf diese Weise trägt die

---

134 Dietze: Das Schweigen brechen – zum Beispiel über den 9. Oktober 1989 in Leipzig – Brief eines Mitglieds der PDS/DF-Fraktion der Stadtverordnetenversammlung Leipzig vom 24. 6. 1992, in: URL: http://wwischer.itrnet.com/dietze/oktober1989.pdf, [Stand: 3. 7. 2007].
135 Vgl. Chiffriertes Fernschreiben des 2. Sekretärs der SED-Bezirksleitung Leipzig an E. Krenz vom 5. 10. 1989, in: Dokumentensammlung beim Sächsischen Landesbeauftragten für die Stasi-Unterlagen, Ordner 93.

»Strategie« der Einsatzleitung dazu bei, die Innenstadt zu beleben und die Demonstration selbst mit zu provozieren.

Bei der Einweisung von Bereitschaftspolizisten wird der Waffeneinsatz als Option angegeben, die Offiziere hätten für diesen Fall – im Gegensatz zu den einfachen, mit Schild, Visierhelm und Gummiknüppel ausgerüsteten Polizisten – scharf geladene Pistolen. »Wenn die Knüppel nicht ausreichen, wird die Waffe eingesetzt.« Auf die Frage der Rekruten »Was wird mit den Kindern?« folgt die Antwort des Offiziers »Die haben Pech gehabt.«[136]

Der Leipziger SED-Bezirkssekretär Kurt Meyer macht sich Sorgen. Die Anweisungen Honeckers für den heutigen Tag versteht er so: »Die Konterrevolution ist auf der Straße. Mit ihr ist ein für alle mal Schluss zu machen. – Das heißt ganz eindeutig: Gewalt anwenden.«[137]

Der Chef der Polizeibehörde des Bezirks Leipzig, Oberst Sinagowitz, äußert vor ausgewählten Journalisten, dass mögliche Menschenansammlungen an der Nikolaikirche direkt vor Ort aufgelöst werden. »Über den Karl-Marx-Platz wird keiner kommen.«[138] Die Demonstration soll bereits im Stadtzentrum »im Keim erstickt« werden.[139]

13.30 Uhr:
Der SED Bezirkssekretär Kurt Meyer ruft (nach eigener Darstellung) bei Gewandhauskapellmeister Kurt Masur an und bittet ihn, zu überlegen, was man für die Stadt tun kann, »... um Schlimmstes zu verhindern.«[140] Die drei SED-Sekre-

---

136 Vgl. die Aussagen von 5 Bereitschaftspolizisten in: Jetzt oder nie – Demokratie, S. 93.
137 Zit. nach der ZDF Dokumentation »Wir sind das Volk« von 1999.
138 Heutiger Augustplatz, Platz zwischen Oper und Gewandhaus.
139 Halweg, in: Links, Nitsche, Taffelt, Das wunderbare Jahr der Anarchie, Berlin 2004, S. 31.
140 »Am 9. 10. wandte sich Gewandhauskapellmeister Masur an die Bezirksleitung der SED mit den Worten: ›Ich bin außerordentlich besorgt, zutiefst betrübt und befürchte für heute Abend das Schlimmste, lassen Sie uns gemeinsam darüber nachdenken, was man tun kann, um zu verhindern, dass es Tote gibt‹« – Brief des 2. Sekretärs der SED-Bezirksleitung Leipzig an das ZK der SED, Archiv des Sächsischen Landesbeauftragten. Dokumentensammlung beim Sächsischen Landesbeauftragten für die Stasi-Unterlagen, Ordner 93.

täre Meyer, Wötzel und Pommert hätten Masur überzeugt, einen Aufruf an die Bevölkerung zu verfassen. Wötzel bringt den Kabarettisten Bernd-Lutz Lange und den Theologen Dr. Peter Zimmermann[141] mit in die Runde, die mit ähnlichen Anliegen zur gleichen Zeit bei ihm sitzen. Man fährt, um den Eindruck einer Verschwörung zu vermeiden, ins Gewandhaus und verfasst um 15:50 einen gemeinsamen Aufruf. Masur ist nach Meyers Angaben nur bereit, den Aufruf zu veröffentlichen, wenn die SED-Sekretäre offiziell mitmachen. Diese halten mit Bezirkschef Hackenberg Rücksprache, der sagt, sie sollten es tun, wenn sie es für richtig hielten. »Im Verlauf der harten Diskussion bestand zweimal die Gefahr, daß die Aussprache durch die Kollegen Masur, Lange und Zimmermann abgebrochen würde, wenn in den notwendigen Dialog nicht auch die Regierung unseres Landes einbezogen würde.«[142] (Nachts um 2 Uhr stellt sich Krenz dann telefonisch hinter die drei Leipziger SED-Funktionäre – im Gegensatz zu Honecker, der die Aktion missbilligt.[143])

In Halle verhaftet die Stasi präventiv mehrere Oppositionelle. Man will verhindern, dass sie nach Leipzig fahren bzw. sich in Halle an diesem Tag öffentlich engagieren.

14 Uhr:
Die Angehörigen der Kampfgruppen werden benachrichtigt, sich an ihren Betriebsstützpunkten einzufinden. Etliche Kampfgruppenangehörige äußern Besorgnis und erklären, als es um die Frage der Bewaffnung geht: »Wir gehen nur mit Schlagstöcken raus – Arbeiter schießen nicht auf Arbeiter!«[144]

---

141 Dr. Zimmermann hatte sich im April 1989 beim Rat des Bezirks beklagt, dass bei den Friedensgebeten »Christen der Straße« die Macht über St. Nikolai erobert hätten und man eine theologische Disziplinierung erreichen müsse – vgl. Dietrich/Schwabe: Freunde und Feinde, S. 309, Dokument 149.
142 Halweg, in: Links, Nitsche, Taffelt: Das wunderbare Jahr der Anarchie, Berlin 2004, S. 31.
143 Protokollfragment der Leipziger SED-Stadtleitungssitzung vom 21.11.1989, Dokument im Archiv Bürgerbewegung Leipzig (Signatur ABL 9.1.164.).
144 Kampfgruppenmitglied Wilfried Hinze in der MDR-Dokumentation »Die werden doch nicht schießen« von 1999.

Man sichert den Kameraden zu, dass sie »nur in der zweiten Reihe« eingesetzt werden. Wer will, kann sich zur Eigensicherung mit einem Gummiknüppel ausrüsten, ansonsten wird als Aufgabe das Ordnen und Absperren im öffentlichen Raum angegeben.[145] »Gegen vier Kämpfer der Hundertschaften, Bereich Akademie der Wissenschaften, wurde am 9.10. [ein] Verfahren eingeleitet. Zwei Genossen und zwei Parteilose vertreten die Ansicht, dass die Partei dialogunfähig ist, ihre Kompetenz zur Erteilung von Befehlen verloren habe, weil nicht rechtzeitig gegen antisozialistische Kräfte entschieden vorgegangen worden sei.«[146]

Im Hof der Bezirksdirektion der Volkspolizei treffen zwei Wasserwerferwagen und mehrere Schützenpanzerwagen ein. Die Wachposten werden mit Maschinenpistolen und scharfer Munition ausgerüstet. In der fünften Etage des Dienstgebäudes werden mit Sandsäcken drei MG-Nester eingerichtet. Der Volkspolizeichef des Kreises Leipzig Oberst Fritzsche erklärt das Ziel des bevorstehenden Einsatzes: »... Auflösung rechtswidriger Menschenansammlungen« und die »... dauerhafte Zerschlagung gegnerischer Gruppierungen« sowie die »... Festnahme der Rädelsführer«. Dem Minister meldet er, dass man entschlossen sei, den Einsatz »... mit aller Konsequenz zu verwirklichen.«[147]

Hinter dem Bezirkssitz der Stasi, der »Runden Ecke«, sind 3 MP-Schützen mit Tränengasmunition postiert. Zehn Schützenpanzerwagen und drei Einsatzfahrzeuge, alle mit scharfer Munition bestückt, stehen mit laufendem Motor bereit. Allein von der Volkspolizei sind 28 Kompanien mit jeweils 80 Mann im Einsatz, hinzu kommen die Kampfgruppen, die NVA-Einheiten, zusätzliche Spezialeinheiten und die ansässigen Stasikräfte.[148]

---

145 Vgl. Aussage von Theo Kühirt in: Jetzt oder nie – Demokratie, S. 92.
146 »Information zur Lage« der SED Leipzig-Mitte vom 9.10.1989, a.a.O. (siehe Anm. 102).
147 »Entschluß des Leiters des VPKA Leipzig« vom 08.10.1989, Blatt 1–16 (siehe Anm. 112).
148 Vgl. die Aussagen von fünf Bereitschaftspolizisten, in: Jetzt oder nie – Demokratie!, S. 93.

Angespannte Atmosphäre an der Nikolaikirche.

Die Einsatzkräfte beziehen ihre Einsatzposten in der Stadt. »Genossen, ab heute ist Klassenkampf!«[149]

14.10 Uhr:

Das Tagesprotokoll (»Lagefilm«) der Leipziger Volkspolizei verzeichnet: »Die Nikolaikirche ist voll besetzt. Am Haupteingang befindet sich ein Plakat 60×60 cm mit der Aufforderung, dass am 9. 10. in der Michaeliskirche, Reformierten Kirche und Thomaskirche weitere Friedensgebete stattfinden.«[150]

14.35 Uhr:

Das Leipziger Polizeiprotokoll vermerkt, »bezugnehmend auf die Wenzelskirche in Wurzen wurde mit dem Superintendenten gesprochen, welcher durch eine Veranstaltung beabsichtigt,

---

149 Ebd.
150 Dieses und alle folgenden Zitate aus dem Lagefilm der Volkspolizei vom 9. 10. 1989, in: Anlagen zum Minderheitsvotum Arnold, in: Dokumentensammlung beim Sächsischen Landesbeauftragten für die Stasi-Unterlagen, Ordner 176, 177.

die Nikolaikirche zu Leipzig zu entlasten. Genossen des Kommandos I sind zur Absicherung der geplanten Veranstaltung ab 16 Uhr im Einsatz.«[151]

15 Uhr:
Das interne Dienstbuch der Leipziger Bereitschaftspolizei verzeichnet die hergestellte Handlungsbereitschaft der Schützenpanzerwagen (ohne Mengenangabe) – »mit Munition«.[152]

Der evangelische Landesbischof Hempel verhandelt mit dem Stellvertretenden Vorsitzenden des Rates des Bezirks Leipzig Dr. Reitwein. Der Landesbischof bittet eindringlich, keine Gewalt auszuüben, selbst wenn die Demonstrationen nicht friedlich verlaufen sollten, während Reitwein den Bischof ersucht, die Kirche solle die Situation beruhigen. Dr. Reitwein schlägt vor, am nächsten Tag nach Dresdner Vorbild mit einer »Leipziger Gruppe der 20« zu verhandeln, aber nur, wenn der Bischof heute auf dem Nikolaikirchhof die Demonstranten dazu brächte, friedlich nach Hause zu gehen, notfalls auch mit einem Megaphon. Der Bischof erklärt sich dazu bereit.[153]

15.15 Uhr:
Am Eingang der Nikolaikirche werden Flugblätter der Leipziger Basisgruppen verteilt, die Demonstranten und Einsatzkräfte zur Gewaltlosigkeit aufrufen.

Piloten der Hubschrauberstaffel der Albert-Zimmermann-Kaserne Cottbus werden in »Führungsbereitschaft« versetzt. Sie sollen öffentliche Gebäude in Leipzig verteidigen, u. a. den Hauptbahnhof.[154]

---

151 Ebd.
152 Dienstprotokoll der Leipziger Bereitschaftspolizei vom 09.10.–10.10.1989, zit. nach Dokumentensammlung Archiv Bürgerbewegung Leipzig (Signatur ABL 41.07.).
153 Vgl. Hempel: Erfahrungen und Bewahrungen, S. 112; Hollitzer: Der friedliche Verlauf des 9. Oktober 1989, S. 275; Neubert: Geschichte der DDR-Opposition, S. 853 f.; Schwabe/Dietrich: Freunde und Feinde, S. 453 ff.: Dokumente 240 und 241.
154 »Von den Arbeitern verlassen« – DER SPIEGEL 48/89.

Kampfgruppen aus Weißenfels machen sich auf den Weg nach Leipzig.

»... ein Arzt und eine Schwester aus dem St. Georg sagten per Telefon anonym aus, eine Station wäre leer geräumt, man hätte zusätzliche Blutkonserven bekommen. ... Eine Anruferin bestätigte, daß die Zufahrtsstraßen nach Leipzig voll Panzer stünden.«[155] Auch mit Augenverätzungen wurde gerechnet, weil auf den möglichen Einsatz von Sprühstoffen hingewiesen wurde.[156]

16.10 Uhr:
Das Leipziger Polizeiprotokoll vermerkt: »Starker Zustrom aus der Innenstadt zur Thomaskirche von Jugendlichen und Jungerwachsenen, teils dekadentes Äußeres.«

16.20 Uhr:
Landesbischof Hempel lässt dem stellvertretenden Chef des Rates des Bezirkes Reitwein ausrichten, dass er die Demonstranten unter den gegebenen Umständen doch nicht wie vereinbart zum Nachhausegehen auffordern könne, da die Nikolaikirche von »Nichtkirchenangehörigen« besetzt sei.[157]

Drei christliche Leipziger Basisgruppen, die AG Menschenrechte, der Arbeitskreis Gerechtigkeit und die Arbeitsgruppe Umweltschutz verabschiedeten einen Aufruf, der nun als Flugblatt vor den Kirchen und in den Friedensgebeten verbreitet wird. Darin heißt es: »Wir sind ein Volk. ... Partei und Regierung müssen für die entstandene ernste Situation verantwortlich gemacht werden. Aber heute ist es an uns, eine weitere Eskalation der Gewalt zu verhindern, davon hängt unsere Zukunft ab.«[158]

---

155 Tagebuch der Frau des Superintendenten Leipzig West, Eva Richter, zitiert nach Bohse/Hollitzer: Heute vor zehn Jahren, S. 499.
156 Vgl. Halweg, in: Links, Nitsche, Taffelt: Das wunderbare Jahr der Anarchie, S. 33.
157 Vgl. Hollitzer: Der friedliche Verlauf des 9. Oktobers 1989, a. a. O.
158 Der erste Satz ist, anders als verschiedentlich kolportiert, kein erster Aufruf zur deutschen Wiedervereinigung; es handelt sich um eine Ermahnung an die sich gegenüberstehenden Kräfte zu bedenken, dass gegenseitige Gewalt im »Brudermord« enden könnte.

16.30 Uhr:
Die diensthabenden Einsatzkräfte der Leipziger Polizei »stellen Bereitschaft her«. Volkspolizeihauptmann Dieter Zarges berichtet, es sei »strukturmäßige Bewaffnung« angeordnet, das heißt »... das Übliche plus eine Maschinenpistole und sechs Magazine.«[159]

Für die Einheiten der Bereitschaftspolizei am Hauptbahnhof (Zentralbushaltestelle) heißt es »Absitzen! Einsatzbereitschaft herstellen!« Bereitschaftspolizist Toralf Dörre: »Dann kam noch das Gerücht, die Offiziere hätten scharfe Munition, wenn jetzt jemand fliehen sollte, kann er damit rechnen, erschossen zu werden.«[160]

17 Uhr:
Die Friedensgebete beginnen zeitgleich in vier evangelischen Kirchen im Zentrum: Nikolaikirche, Thomaskirche, Michaeliskirche und Reformierte Kirche. Neben den verantwortlichen Pfarrern und Basisgruppen tritt in allen vier Kirchen auch der evangelische Landesbischof Hempel mit einer kurzen Ansprache auf. Teilnehmer sind auch die »gesellschaftlichen Kräfte«, die die Nikolaikirche seit 14 Uhr besetzt halten. Nach Stasi-Schätzungen besuchen »über 5 000«, nach kirchlichen Schätzungen etwa 10 000 Personen die einstündigen Andachten.

Die Nachricht, dass in Dresden am Vormittag das erste Rathausgespräch zwischen Vertretern der Demonstranten, Oberbürgermeister Berghofer und Vertretern der Blockparteien den Dialog mit den Demonstranten eröffnete, trifft in Leipzig bei Partei- und Kirchenfunktionären auf Zustimmung und bewirkt auf beiden Seiten eine gewisse Erleichterung. Gleichwohl wird klar, dass auf nationaler Ebene – und besonders in Leipzig – alle Zeichen auf gewaltsame Konfrontation stehen.

---

159 In der ZDF-Dokumentation »Wir sind das Volk« von 1999.
160 Bohse/Hollitzer: Heute vor zehn Jahren, S. 487.

Friedensgebet in St. Nikolai.   Besucher des Friedensgebetes in der überfüllten Nikolaikirche.

Im Friedensgebet der Nikolaikirche berichten zwei Dresdner[161] von der Eröffnung des Dialogs in ihrer Stadt.

In Dresden, wo die evangelische Kirchenleitung sich verpflichtet hat, dafür zu sorgen, dass es weder vor noch in den Kirchen zu Demonstrationen oder politischen Handlungen kommt[162], versammeln sich gegen Abend in mehreren Durchgängen insgesamt rund 24 000 Menschen in den Stadtkirchen, um sich über die Ergebnisse des Rathausgesprächs zu informieren – und für einen friedlichen Ausgang der Demonstration in Leipzig zu beten.

Etliche Leipziger SED-Grundorganisationen halten in Erwartung bürgerkriegsähnlicher Auseinandersetzungen Sonderversammlungen ab.

Die Studentin Sylvia Kupicka schildert in ihrem Tagebuch: »Ich erreiche den äußersten Rand der Menschenmasse, die

---

161 Frank Neubert und René Bachmann.
162 Vgl. u. a. Richter/Sobeslavsky: Die Gruppe der 20, S. 75.

mir Angst macht, die ich unberechenbar finde, die keine Angst mehr hat, die den ersten Polizeieinsatz mit gegen sie gerichteten Wasserwerfern hinter sich hat.[163] Ich befinde mich genau zwischen dem Polizeigürtel und der Masse. Wenn jetzt was passiert! Dabei habe ich etwas zu beschützen: Ich bin schwanger. Deshalb entscheide ich mich zunächst für einen Beobachtungsposten und versuche, außerhalb des Gürtels hindurch zu kommen. In der engen Universitätsstraße steht linker Hand die Bereitschaftspolizei. Das habe ich noch nie gesehen: Sie stehen in kleinen Gruppen von zehn Mann, ausgerüstet mit Schild, Knüppel und einer Art Integralhelm.

Ich habe gehört, dass auch Reservisten aus den Betrieben geholt worden seien. Leider hat sich mein Bruder vor kurzem zum Reservistendienst verpflichtet. Wenn ich ihm nun hier gegenüberstehe, er in Uniform, mit einer Waffe in der Hand. Wenn er schießen müsste? Ich ziehe an den Büschen des grünen Gürtels, der die Leipziger Innenstadt umschließt, vorbei und sehe, wie das Grünzeug zerfetzt und zertrampelt am Boden liegt. Dazwischen stehen leere Mannschaftswagen der Armee, dahinter Panzer und Wasserwerfer.«

17.05 Uhr:
Das Leipziger Polizeiprotokoll hält fest: »Michaeliskirche ca. 1 500 Personen, alle Alterskategorien, vor der Kirche befindet sich eine namentlich unbekannte Person mit Schmalfilmkamera, welche die Besucher filmt.«

In der Marienkirche in Halle beginnt ein Friedensgebet. Teilnehmer der Andacht werden vor der Kirche von Polizeieinheiten verprügelt.

---

163 Gemeint ist der Einsatz am 7. Oktober 1989 in Leipzig.

Polizeikette vor der Nikolaikirche.

17.15 Uhr:
Vor der Marktkirche in Halle wird ein Transparent mit der Aufschrift: »Gewaltloses Widerstehen – Schweigen für Leipzig« aufgespannt.

Leipziger Innenstadt: »Alle Straßen und Plätze füllten sich mit immer mehr Menschen. Und trotzdem war eine Totenstille.«[164]

17.18 Uhr:
Die Polizei protokolliert, dass im Schuhmachergässchen »ca. 50 Personen männlichen Geschlechts Motorradschutzhelme bei sich tragen.«

18 Uhr:
Ein Demonstrant, der nicht zur Nikolaikirche gelangte, berichtet: »Vor dieser Straßenabsperrung standen viele Leute und guckten in Richtung Nikolaikirche, man vermutete ja, daß Schüsse kommen ... Einzelne Leute, die dort standen,

---

164 Bericht von Manfred Beer, in: Bohse/Hollitzer: Heute vor zehn Jahren, S. 537.

und ich mit meinem Kumpel, wir haben gebetet, und neben uns hat jemand gesungen...«[165]

Als »Höhepunkt der geschickten Dramaturgie der Staatsmacht« (Der Spiegel) ziehen Einheiten der Leipziger Arbeiter-Kampfgruppen in der Innenstadt auf. Seit Stunden herrscht eine gedrückte »Atmosphäre schrecklicher Angst«.[166]

Das Friedensgebet in der Nikolaikirche ist zu Ende. Landesbischof Hempel hat zu Besonnenheit aufgerufen.[167] Der Kirchvorplatz und die Straßen innerhalb des Rings sind komplett von Menschen erfüllt. Langsam treibt die Menge Richtung Karl-Marx-Platz. Wie immer hat der Menschenstrom keine Anführer, keine festgelegte Route, kein festes Programm.

Eine Genossin, die man per Parteiauftrag in die Nikolaikirche abgeordnet hat, berichtet: »Als wir die Kirche verließen, (es dauerte und dauerte, denn so viele Leute waren sonst nicht in der Kirche), mussten wir durch eine schmale Gasse. Die diese Gasse bildeten, fragten ›Eh‹ was ist denn heute los, warum gehen die denn alle, warum warten die denn nicht! Einige wenige waren auch angetüdert, die meisten waren ziemlich jung. In der Grimmaischen Straße hatten sich die Älteren versammelt. Polizisten mit Hunden säumten die Straße, standen in und an der Theaterpassage, vor den Schaufenstern. Da stand auch mein Mann. Noch mit Parteiabzeichen, keiner tat ihm etwas. Er holte mich ab. Wir standen da noch eine Weile, gingen dann aber. Ich hatte immer noch ein bisschen Angst. Meine Mutter wartete zu Hause.«[168]

In der Reformierten Kirche gegenüber der »Blechbüchse« (damals Kaufhaus Konsument) steigen der oppositionelle Foto-Journalist Siegbert Schefke und sein Kollege Aram

---

165 Ein Augenzeuge, zit. nach Kuhn: Wir sind das Volk, S. 132.
166 Superintendent Friedrich Magirius, zit. nach: Was geschah am 9. Oktober? In DER SPIEGEL Heft 48 1989, S. 27.
167 Erhart Neubert bemerkt in seiner Geschichte der DDR-Opposition: »Der Einfluss Hempels war allerdings minimal, da sich schon während der Friedensgebete die Demonstrationen entfalteten.« (S. 854)
168 Dietze, in: Das Schweigen brechen, a. a. O. (siehe Anm. 134).

Radomski mit Einverständnis des Pfarrers Sieverts auf den Turm, um mit einer Videokamera erstmals Bilder von den Leipziger Ereignissen zu drehen. Sie wollen den Film nach Westberlin schleusen. Auf ungenehmigtes Filmen und Verbindungsaufnahme zu westlichen Journalisten stehen hohe Haftstrafen.

Die gesamte Innenstadt war ein dunkles Meer von Menschen. Sprechchöre hallten über den Köpfen durch die Straßen. Überall gab es Polizeiketten, davor und dahinter das gleiche Bild: Gespannt wartende Menschenmassen. In den Seitenstraßen lange LKW-Reihen, besetzt mit gut ausgerüsteten Bereitschaftspolizisten. ›Jetzt geht's lo-hos!‹ brüllte plötzlich der ganze Nikolaikirchhof rhythmisch, irgendwo bellten erschreckt ein paar Hunde, dass es gespenstisch widerhallte. Tatsächlich schlurften wir nach einer Weile los, am Südende des Universitätsgebäudes vorbei in Richtung Karl-Marx-Platz. Ich stelle mich auf einen Mauerabsatz, um den Platz überblicken zu können. Den Anblick werde ich nicht vergessen: Menschen, so weit man sehen konnte, langsam strömende Menschenmassen. Dazwischen, nicht weit von mir entfernt, eine Sperrkette von Polizisten mit weißen Helmen und Schilden. Jemand stimmte › We shall overcome‹ an. Viele sangen mit, fast verschämt, es dröhnte dennoch über den Platz. Irgendwann sah ich die Polizisten nicht mehr, die Kette musste sich zurückgezogen haben.[169]

Die Menge treibt in Richtung des Ostknotens[170], wo, hinter den Kampfgruppen am Schwanenteich, die bewaffneten Kräfte der Bereitschaftspolizei mit dem Befehl zur gewaltsamen Auflösung der Demonstration warten.

18.10 Uhr:
Die Demonstranten erfüllen die gesamte Innenstadt. Man ruft »Keine Gewalt!«, »Wir sind das Volk!«, »Gorbi, Gorbi!« und »Wir sind keine Rowdies!«[171] Weitere Parolen sind »Freiheit

169 Tagebuch des Autors, Leipzig 1989.
170 Straßenkreuzung südlich des Opernhauses, auf der der Ring westlich zum Bahnhof hin abbiegt.
171 Ebenso wie »Wir sind das Volk!« als Ermahnung an die Bewaffneten, nicht gegen die eigenen Leute loszuschlagen, gemeint.

für die Inhaftierten« (gemeint sind die Gefangenen der Leipziger Demonstration vom 11. September) und der Ruf an die Schaulustigen an den Fenstern und am Straßenrand: »Auf die Straße!« und »Schließt euch an!« Hier und da erklingt der Refrain der »Internationale«, deren Text jeder aus der Schule kennt: Die letzte Zeile »… erkämpft das Menschenrecht!« wird besonders laut gesungen. Aus der ausgelaugten Arbeiterhymne wird eine ironische Proklamation mit neuer Aussage.

Ein Großteil der am Bahnhof stationierten Bereitschaftspolizei hat den Auftrag, die Demonstration am Ostknoten aufzulösen. Weitere Einsatzkräfte warten in der Nähe der Fußgängerbrücke an der Reformierten Kirchen. Dort hatten Demonstranten eine Woche zuvor erstmals mit dem Ruf »Wir sind das Volk« die Sperrketten der Polizei durchbrochen.

18.15 Uhr:
Am Hauptbahnhof bekommen die Bereitschaftspolizisten den Befehl, sich der eintreffenden Menge entgegenzustellen und rücken vor. »Vom Georgiring kamen dann fast 70 000 Leute. Mit 30 000 hatten sie gerechnet. Wir hatten sogar den Befehl gekriegt, loszulaufen in Richtung Demonstranten, und sind sage und schreibe so um die dreißig Meter vor den Demonstranten zum Stillstand gekommen, wurden zurückgerufen …«[172]

Nikolaipfarrer Christian Führer: »Dann war der Moment gekommen, als die Menschen auf die Polizisten und Kampfgruppenangehörigen zugingen und erste Worte laut wurden: ›Ihr seid keine Konterrevolutionäre‹ und wir gesagt haben: ›Redet mit uns!‹, ›schließt euch an‹. Also dieser Ruf und diese großen Massen von Menschen, da war eigentlich deutlich: Was sollen diese Polizeikräfte, selbst wenn es 5 000 oder 8 000 oder 10 000 gewesen wären, gegen die 70 000 ausrichten?«[173]

---

172 Bereitschaftspolizist Toralf Dörre, in: Bohse/Hollitzer: Heute vor zehn Jahren, S. 487.
173 Zit. nach Kuhn: Wir sind das Volk, S. 130.

Polizeichef Straßenburg fordert von Halle vier Kompanien Bereitschaftspolizei mit Sonderausrüstung an. Die Pläne zur Aufspaltung, Einkesselung und Abdrängung der Demonstranten in der Umgebung des Schwanenteichs erweisen sich als undurchführbar. Straßenburg: »Mit diesen Massen hat keiner gerechnet.«[174]

Volkspolizei-Hauptmann Zarges befindet sich in der Einsatzzentrale: »Dann kam plötzlich ein Funkspruch eines leitenden Offiziers: ›Ich habe einen neuen Befehl von der Großen 08!‹ Die Große 08, das war der Chef der Bezirksdirektion der Volkspolizei. ›Sofort den Ostknoten öffnen, die Demonstranten laufen lassen und in den Schatten treten.‹ Und da wusste ich, in diesem Moment – ich war natürlich froh –, dass alles ohne Blutvergießen ablief. Ich dachte im Stillen: Jetzt ist es um die DDR geschehen. Denn der Staatsmacht ist nun zum ersten Mal Paroli geboten worden – mit großem Erfolg.«[175]

Über Stadtfunk, der per Lautsprecher am Innenstadtring gehört werden kann, wird wiederholt der gemeinsame Aufruf von Gewandhausdirektor Prof. Kurt Masur, Pfarrer Dr. Zimmermann, Kabarettist Bernd-Lutz Lange und den SED-Bezirksfunktionären Meyer, Pommert und Wötzel verlesen. Als die blecherne Erkennungsmelodie des Stadtfunks aus den Lautsprechersäulen tönt, verstummen Sprechchöre und Gespräche: Man befürchtet, dass der Ausnahmezustand verkündet wird. Stattdessen wird ein »freier Meinungsaustausch« zwischen Demonstranten und Staat gefordert, die Unterzeichner versprechen, sich persönlich dafür einzusetzen, dass der politische Austausch ab sofort und »... nicht nur im Bezirk Leipzig, sondern auch mit der Regierung geführt wird.« Eindringlich bittet man um »Besonnenheit, damit der friedliche Dialog möglich wird.« Der Appell wird zeitgleich über Radio DDR und im Leipziger Rundfunk ausgestrahlt.

---

174 Protokoll d. 22. Sitzung der SED-Bezirksleitung Leipzig vom 21.11.1989, a. a. O. (siehe Anm. 143)
175 Geäußert in der ZDF-Dokumentation »Wir sind das Volk« von 1999.

Sowohl Demonstranten als auch Sicherheitskräfte applaudieren. Viele Zeugen berichten übereinstimmend von der positiven Wirkung des Aufrufs. Wichtig ist jedoch offensichtlich nicht der Wortlaut, wirksamer ist, dass sich hier drei angesehene Persönlichkeiten der Zivilgesellschaft, insbesondere der weltweit angesehene Dirigent Kurt Masur, gemeinsam mit drei Parteifunktionären »der zweiten Reihe« persönlich in die Öffentlichkeit wagen. Das scheint glaubwürdig und zeigt, dass es in den politischen Gremien auch verständigungsbereite Kräfte gibt. Der Leipziger Appell lehnt weder die Demonstrationen ab noch redet er der SED-Herrschaft das Wort. Aber es geht: »... um die Weiterführung des Sozialismus in unserem Land«. Viele Leute auf Leipzigs Straßen können den Aufruf der Leipziger Sechs wegen ungünstiger akustischer Verhältnisse jedoch nicht hören. Sie verhalten sich dennoch friedlich: »Also, wir haben nichts verstanden, weil der Lautsprecher nicht in unserer Nähe stand, wir wußten nicht, ist das jetzt der Aufruf zum Schießen gewesen oder was?«[176]

Der Theologe Peter Zimmermann, einer der Leipziger Sechs, fragt einen ihm bekannten Einsatzoffizier, wer entscheidet, ob gegen die Demonstranten vorgegangen wird. Er ist besorgt, dass widersprüchliche Befehle bei den bewaffneten Kräften in dieser unübersichtlichen Situation zur Eskalation führen könnten. Antwort: »Wir haben nur einen Befehlshaber.«[177]

In der Karl-Marx-Universität findet eine Versammlung der SED-Parteigruppe statt, auf der eine Resolution für politischen Dialog und Gewaltfreiheit diskutiert wird. Hinzukommende berichten vom Aufruf der Sechs. Die Genossen sollen abwarten, ob sie noch »für besondere Einsätze« gebraucht werden. Gegen 19:30 Uhr schickt man sie schließlich nach Hause.[178]

---

[176] Kuhn: Wir sind das Volk, S. 133.
[177] Den Bezirkseinsatzleiter Hackenberg. Zit. nach Halweg, in: Links, Nitsche, Taffelt: Das wunderbare Jahr der Anarchie, S. 36.
[178] Wagner, in: Jetzt oder nie - Demokratie!, S. 88.

Die Demonstration passiert Gewandhaus und Oper.

18.26 Uhr:
Der Leipziger Polizeichef Straßenburg teilt dem Stasibezirkschef Hummitzsch mit, dass Einsatzleiter Helmut Hackenberg soeben mit Egon Krenz in Berlin telefoniert habe. Angefragt wurde, ob die Leipziger Linie des Nichteingreifens gebilligt werde oder ob aktiv eingegriffen werden solle. Krenz habe nicht geantwortet, habe aber fest versprochen, umgehend zurückzurufen.

18.35 Uhr:
Die Leipziger Einsatzleitung kapituliert vor der Masse der Demonstranten. Da Krenz nicht zurückruft, entscheidet Hackenberg selbst, nach bestehender Befehlslage ist er dazu befugt. Er ordnet an: »... keine aktiven Handlungen gegen diese Personen zu unternehmen, wenn keine staatsfeindlichen Aktivitäten und Angriffe auf Sicherungskräfte, Objekte und Einrichtungen erfolgen.«[179] Weil sich der Einsatzplan wegen der hohen Teilnehmerzahl als undurchführbar erweist, wird auf die geplante Niederschlagung der Demonstration

---

179 Sachstandsbericht des Volkspolizei-Bezirkschefs Straßenburg an den Minister des Inneren vom 10. 10. 1989, 2 Uhr, zit. nach: Dokumentensammlung Archiv Bürgerbewegung Leipzig (Signatur ABL 18.3.14.).

verzichtet und ab sofort »Eigensicherung« betrieben. Der Beginn der Demonstration wird im Protokoll der Staatssicherheit für 18:35 verzeichnet. Es heißt dort lapidar: »... vorbereitete Maßnahmen zur Verhinderung/Auflösung kamen entsprechend der Lageentwicklung nicht zur Anwendung.«[180]

»Eine vom DDR-Fernsehen geschaltete Standleitung für das operative Fernsehen des Innenministeriums übertrug das Leipziger Geschehen live ins Lagezentrum – an diesem Tag allerdings noch ohne Ton. ... Obwohl die Auflösung der Demonstration noch am Tag zuvor geübt und exakt festgelegt worden war, in welche Richtung die Demonstranten abgedrängt werden sollten, reagierte auch die Zentrale geschockt auf die Monitor-Bilder. Sie musste realisieren, so Generaloberst Karl-Heinz Wagner, Chef des Stabes, dass es keinen Weg gab, die Massen vom Dittrichring abzudrängen.«[181]

NVA-Stabchef Streletz berichtet, angesichts der Kamerabilder aus Leipzig habe Honecker gemeint: »Kann man da nicht einfach einen Panzer durchfahren lassen?« Aber viele Demonstranten haben eine NVA-Grundausbildung und wissen, wie man einen Panzer stoppt und außer Gefecht setzen kann – man wirft einfach eine Jacke über den Sehschlitz...

»Als wir hinterm Kaufhaus Konsument abbogen und in Richtung Runder Ecke, dem Stasihauptquartier, liefen, musste ich schallend lachen: »Schließt Euch an!« johlte die Menge den bewehrten Wächtern aus respektvoller Entfernung zu. Vor dem Eingang der Runden Ecke stellten Leute brennende Kerzen auf den Steinstufen ab, zu Füßen der Wächter, die reglos ins Leere blickten. Aktivisten mit weißen Schärpen, auf denen Keine Gewalt *stand, achteten darauf, dass niemand die Kerzenlinie überschritt. Aber sie hatten eigentlich nichts zu tun.«*[182]

---

180 Streng geheime Stasi-Information Nr. 452/89 vom 10. Oktober 1989, zit. nach Mitter/Wolle: Befehle und Lageberichte des MfS, S. 216.
181 Hertle: Zur Leipziger Montagsdemonstration, a. a. O. (siehe Anm. 109).
182 Tagebuch des Autors, Leipzig 1989.

Von den Inhaftierten der Aktion nach dem Friedensgebet am 4. September sitzen einige noch immer in der U-Haft am Peterssteinweg. Katrin Hattenhauer berichtet: »Ich habe im Knast das Donnern gehört und geglaubt, es rollen Panzer über die Straßen. Dass die Geräusche von den Schritten tausender Demonstranten kamen, konnte ich nicht wissen.«[183]

19.15 Uhr:
Die »bewaffneten Organe« sehen sich einer Menge von 70 000 friedlichen Demonstranten aller Generationen gegenüber. Fiktive 4 000 »jugendliche Rowdys« setzte die größte der militärischen Übungen des Innenministeriums zur »Auflösung konterrevolutionärer Versammlungen« jemals als Gegner voraus. Selbst wenn Ostberlin jetzt noch andere Befehle erteilen sollte – eine Niederschlagung der Demonstration unter den gegebenen Umständen ist unmöglich. Durch die Überzahl der Demonstranten sind alle Einsatzpläne zur »Niederschlagung der Konterrevolution« obsolet.

Egon Krenz ruft endlich bei Einsatzleiter Hackenberg an und segnet die Entscheidung der Leipziger ab. Zu diesem Zeitpunkt füllt die größte illegale Demonstration in der Geschichte der DDR bereits den gesamten Leipziger Innenstadtring. Die Friedliche Revolution hat die Straße erobert.

Noch vor der Thomaskirche stoppt der Zug. ›Jetzt geht nichts mehr vorwärts.‹ sagt jemand neben mir. ›Der Ring ist dicht. Zu viele Leute.‹ meint ein anderer halb genervt, halb amüsiert. Der Zug verwandelt sich in ein fröhliches Palaver. Jeder diskutiert mit jedem, man setzt sich fußmüde auf die Bordsteine oder hockt einfach mitten in der Menge auf der Straße. Überall sieht man die Atemwolken der Leute unter den gelblichen Straßenlaternen in den Herbstabend wehen. Keiner weiß, worauf wir noch warten, aber niemand will nach Hause gehen. Nicht weit von mir entfernt sehe ich einen graugrünen

---

183 Geissler: Der 4. September 1989, in: Der Tagesspiegel, 4. 9. 1999.

Militär-LKW. Er steckt in der Menge fest. Aus den Seitenfenstern lehnen Männer in Kampfgruppenuniform und diskutieren nickend und lachend mit den Demonstranten. Auf dem Dach des Führerhauses hocken im Schneidersitz zwei junge Burschen mit langen Haaren, betrachten die Menschenmenge um sie herum und wollen rauchen. Der Kampfgruppengenosse aus dem Fahrerstand reicht ihnen wortlos ein Feuerzeug nach oben.[184]

Als die Demonstration wieder am Gewandhaus vorbeikommt, wo Kurt Masur um 20 Uhr ein Konzert zu dirigieren hat, rufen einige: »Lang lebe Genosse Masur!« (Masur ist weder Mitglied der SED noch Inhaber eines offiziellen Staatsamtes, also keineswegs »Genosse« ...) Die Leipziger Sechs treffen sich wie verabredet vor dem Konzert im Gewandhaus. »Doch keiner von ihnen ahnt zu dieser Stunde, dass die Tat dieses 9. Oktobers 1989 entscheidend das Ende der SED-Diktatur ... eingeläutet hat.«[185]

19.30 Uhr:
Die DDR-Nachrichten der *Aktuellen Kamera* berichten über neueste Erfolge beim Aufbau des Sozialismus in der Stadt Leipzig.

20 Uhr:
In der *Tagesschau* der ARD rufen der Ostberliner Pfarrer Eppelmann und weitere Kirchenvertreter dazu auf, für zwei Wochen alle Demonstrationen zu unterlassen. Man berichtet über die Sitzblockade am Vortag an der Ostberliner Gethsemanekirche.[186]

Im Leipziger Gewandhaus gibt das Gewandhausorchester unter der Leitung von Kurt Masur wie geplant *Till Eulenspiegels lustige Streiche* von Richard Strauss. Außerdem im Programm das *Konzert für Trompete, Pauken und Orchester* von Neutöner Siegfried Matthus und die Symphonie Nr. 2 D-Dur von

---

184 Tagebuch des Autors, Leipzig 1989.
185 Halweg, in: Links, Nitsche, Taffelt: »Das wunderbare Jahr der Anarchie«, S. 37.
186 Mit ca. 3000 beteiligten Demonstranten.

Johannes Brahms. Die LVZ meldet drei Tage später: »Die nach wie vor tollen musikalischen Streiche des ›Till Eulenspiegel‹ von Richard Strauss hatten die Konzertbesucher in die rechte Stimmung versetzt. Kurt Masur spielte mit seinen Musikern launig auf, führte sie und die Zuhörer überlegen durch dick und dünn ... Tief bewegt im Adagio der Zweiten von Brahms die Klang gewordene Sehnsucht nach Harmonie.«[187]

In den Dresdner Kirchen, wo sich am Abend über 20 000 Leute versammeln, macht das Gerücht die Runde, die Proteste in Leipzig seien friedlich verlaufen. »Die Nachricht, dass die Demonstration in Leipzig friedlich verlaufen war, löste in der gesamten DDR eine kaum zu beschreibende Freude aus.«[188] Der Berliner Gemeindepfarrer Bernd Albani geht während der Fürbittandacht von der Gethsemanekirche im Prenzlauer Berg gegen 20 Uhr zur Kontakttelefongruppe ins benachbarte Gemeindehaus und erfährt, dass die Demonstration in Leipzig friedlich verläuft. »Wir bangten an diesem Abend mit Leipzig. Die Nachricht, dass dort – wie es hieß – bis zu Hunderttausend Leute auf der Straße waren und der Polizei nichts anderes übrig blieb, als sich zurückzuziehen, überraschte mich: Das ist die Entscheidung, dachte ich, das ist der Durchbruch. Zurück in der Gethsemanekirche teilte ich den etwa 3 000 Versammelten mit bewegter Stimme mit, was gerade in Leipzig geschah, worauf spontaner Jubel ausbrach.«[189] An diesen Moment erinnert sich auch Marianne Birthler, die heutige Bundesbeauftragte für die Unterlagen des Staatssicherheitsdienstes: »Unsere Erleichterung in Berlin war kaum zu beschreiben. Und siehe da: Auch die Belagerung der Gethsemane-Kirche hatte sich aufgelöst. Dafür erwartete uns vor der Kirche ein Meer von Lichtern. Die Menschen aus den umliegenden Häusern hatten Kerzen angezündet, jemand stieg auf den Kirchturm und läutete die Glocken. Es war kaum zu fassen: Die Machthaber waren auf dem Rückzug – wir waren frei.«[190]

187 Leipziger Volkszeitung vom 12. 10. 1989.
188 Neubert: Geschichte der Opposition in der DDR 1949–1989, S. 854
189 In einem Interview des Autors im März 2007.
190 Marianne Birthler: Bertha-Benz-Vorlesung vom 07. Juli 2005, S. 6.

Solidaritätsandacht für Leipzig am 9. Oktober 1989 in der Ostberliner Gethsemanekirche.

20.30 Uhr:
Das Leipziger Stasiprotokoll verzeichnet das Ende der Demonstration, die sich nur zögernd auflöst. Über 70 000 Teilnehmer vermeldet Polizeichef Straßenburg. Nach mehrmaligem Umrunden der Innenstadt stehen die Leute noch in Gruppen am Straßenrand und reden fröhlich miteinander und mit den Sicherheitskräften.

Die Chefs der SED-Bezirksleitung und des Rat des Bezirkes, Hackenberg und Opitz, vermelden dem Vorsitzenden des Ministerrats: »Mindestens 5 000 Teilnehmer kamen mit der Eisenbahn aus anderen Städten der DDR.« (Verbürgt für: Dresden, Karl-Marx-Stadt, Cottbus und Ostberlin.) Ihr erstaunlicher Schlusssatz: »Es wird eingeschätzt, daß der Einsatz sein Ziel erreicht hat.«[191] Galt es nicht eben noch, die Demonstration mit allen Mitteln zu verhindern?

Die Genossin, die man per Parteiauftrag in die Nikolaikirche geschickt hatte, berichtet abschließend: »Später konnte ich

---

191 Brief vom 9. 10. an den Vorsitzenden des Ministerrats, Willi Stoph, über das Friedensgebet dieses Tages, zit. nach Schwabe/Dietrich: Freunde und Feinde, S. 461, Dokument 245.

in einem am gleichen Tag abgefassten MfS-Bericht nachlesen, dass sich die Demonstration friedlich am Hauptbahnhof aufgelöst habe. Das war falsch. ... Es war die erste Demonstration, die – noch ohne mich – friedlich um den ganzen Ring ging.«[192]

22.00 Uhr:
Das interne Polizeidienstbuch des Tages verzeichnet die »Herstellung der Ausgangslage« der Schützenpanzerwagen »mit Munition«. Nach und nach wird das Eintreffen aller ausgerückten Truppen registriert, jeweils mit der knappen Bemerkung: »ohne Schäden/Verluste«.[193]

22.30 Uhr:
Die *Tagesthemen* der ARD vermelden die Leipziger Demonstration und zitieren den Wortlaut des Aufrufs der Leipziger Sechs, wobei man der Beteiligung dreier SED-Bezirkssekretäre besondere Bedeutung beimisst. Da keine Bilder von der Demonstration vorliegen, dokumentiert man die Vorgänge durch ein Telefoninterview mit Pfarrer Christoph Wonneberger. Der äußert sich »überrascht« vom Dialogangebot der lokalen SED-Funktionäre. Er schildert die Befürchtungen, die man bezüglich des »großen Polizeieinsatzes« hatte, und die Erleichterung darüber, dass diese nicht wahr geworden seien. Er gibt zu verstehen, dass man trotz aller Skepsis den Aufruf der SED-Funktionäre als »verheißungsvoll« und als »Signal« verstehe, da sie sich »öffentlich für Veränderungen« einsetzten. Moderator Hajo Friedrichs wertet die erstaunliche Zurückhaltung der bewaffneten Kräfte als Einlenken des Staates. »Insgesamt war man sich der historischen Tragweite der Ergebnisse des Tages bereits erstaunlich bewusst.«[194]

---

192 Dietze in: Das Schweigen brechen, a. a. O. (siehe Anm. 134).
193 Dienstprotokoll der Leipziger Bereitschaftspolizei vom 09.10.–10.10.1989, zit. nach Archiv Bürgerbewegung Leipzig (Signatur ABL41.07.).
194 Brücher: Das Westfernsehen und der Umbruch im Herbst 1989, Magisterarbeit, Uni Bielefeld, 2000.

0.30 Uhr (10. Oktober):
Die Tagesschau der ARD berichtet über den friedlichen Verlauf der größten freien Demonstration in der Geschichte der DDR. Nikolaipfarrer Christian Führer bestätigt telefonisch, dass die Demonstration vollkommen friedlich verlaufen sei. Pfarrer Christoph Wonneberger berichtet während der folgenden Stunden Gleiches in der BBC und auf westdeutschen Sendern.[195]

Später am Abend trafen wie verabredet nach und nach die Freunde bei mir ein. Mit glänzenden Augen berichteten wir: Niemand wurde verhaftet. Nirgendwo war geschossen worden. Nirgendwo gab es auch nur eine Rangelei. Alles war friedlich geblieben. Die Staatsmacht hatte nicht gewagt anzugreifen. Die Stadt war immer noch voller Menschen. Wir hatten keine Ahnung wie viele es waren, aber es schien, als wäre ganz Leipzig auf der Straße gewesen. Zwei von uns hatten sich für den kommenden Tag mit einem Kampfgruppenkommandeur verabredet. Der war der Meinung, dass wir keine Rowdys seien und wollte mit uns über diesen unseligen Zeitungsartikel reden, in dem ein Kampfgruppenkommandeur zum Waffeneinsatz aufgerufen hatte. Aber das hatte sich eigentlich schon erledigt. Die bewaffneten Kräfte hatten verstanden, dass wir nicht die waren, als die man uns geschildert hatte. Sie hatten begriffen, dass sie eigentlich das Gleiche wollten wie wir. Plötzlich gab es keine ›Konterrevolution‹ mehr und keine ›Niederschlagung‹. Wir fühlten uns unglaublich stark. Wir fühlten uns mutig und unverwundbar. Wir kniffen uns lachend gegenseitig in die Arme und fragten uns, ob es wahr sei. Ab jetzt würden wir mitbestimmen, was in diesem Land geschah. Jetzt ging's lo-hos, so einfach war das. – Da ich natürlich keinen Champagner im Haus hatte, stießen wir mit grusinischem Tee an.[196]

---

[195] Wonneberger informiert BBC und Westfernsehen kontinuierlich über die Vorgänge in Leipzig. Er erleidet drei Wochen später, am 30. Oktober, einen Hirninfarkt mit Sprachlähmung. 1991 wird er krankheitshalber aus dem Kirchendienst entlassen.
[196] Tagebuch des Autors, Leipzig 1989.

1 Uhr:
Die Bereitschaftspolizisten aus der Essener Straße sitzen am Hauptbahnhof immer noch in Einsatzbereitschaft auf ihren LKW.[197]

Stasi-Chef Hummitzsch meldet nach Berlin: »Die vorbereiteten Maßnahmen zur Verhinderung und Auflösung einer Demonstration kamen auf Grund der Gesamtlage und entsprechend zentraler Entscheidung nicht zur Anwendung.«[198] Die zentralen Entscheidungen hinken der Realität zu diesem Zeitpunkt jedoch bereits weit hinterher – exakt eine ganze Epoche.

Nachhall
Die Schlagzeilen auf der Titelseite der Leipziger Volkszeitung vom 10. Oktober 1989: »Honecker empfing Politiker der VR China – dynamische Entwicklung der Beziehungen zwischen der DDR und der VR China« und »Dies spielt keine Rolle in den BRD-Medien: Neonazis im Vormarsch und etabliert in allen Bereichen« sowie »USA wollen Produktion von C-Waffen fortsetzen« und »Entschiedene Forderung an die Bonner Regierung: Schändliche Berufsverbote nun endlich abschaffen«. Der vergangene Tag scheint offenbar wie jeder andere in den letzten vierzig Jahren verlaufen zu sein.

Auf Seite 2 eine kleine Lokalmeldung: »Am Montagabend versammelten sich in der Leipziger Innenstadt einige Tausend zu einer nicht genehmigten Demonstration. Sie war im Wesentlichen von Besonnenheit geprägt. Es gab keine Provokationen gegen Personen, keine Ausschreitungen gegen Einrichtungen und die Einsatzkräfte der Deutschen Volkspolizei, die zur Aufrechterhaltung von Ordnung, Ruhe und

---

197 Dörre in Bohse/Hollitzer: Heute vor zehn Jahren, S. 487.
198 Information über eine nichtgenehmigte Demonstration im Stadtzentrum von Leipzig am 9. 10. 1989: Fernschreiben des Leiters der BVfS Leipzig an das MfS, Eingang in der HA IX: 10. 10. 1989, 3:30 Uhr; BStU, ZA, HA IX 377, Bd. 1, Blatt 133–138.

Sicherheit in der Stadt eingesetzt waren. Diese wurden deshalb nicht gezwungen, einzugreifen.«[199] So kurz der Text, so erstaunlich der Ton. War nicht am Tag zuvor noch seitenweise von Rowdys, Kriminellen und deren »bösem Ende« die Rede gewesen? Die Kriminalisierung der Demonstranten lässt sich nach dem 9. Oktober offensichtlich nicht länger aufrechterhalten. Über Einzelheiten und Hintergründe des friedlichen Volksaufstands und die belagerungsähnlichen Zustände der Messestadt freilich keine einzige weitere Zeile – das gilt für alle Medien der DDR an diesem Tag.

Der kleinen Meldung gegenüber eine ganze Seite voller empörter Bekenntnisse sozialistischer Bürger: Von »antisozialistischen Ausschreitungen« ist in den Überschriften die Rede, »Bürger aller Klassen empört über Störenfriede zum Jahrestag« heißt es in großen Lettern. »Wachsamkeit ist unbedingt erforderlich«, »Wir wollen Ruhe auf Straßen und Plätzen« und »Ich stehe treu zu meinem Staat« – Überschriften auf der Hintergrundseite in der Rubrik »Aktuelle Politik«. Wenigstens die »Willenserklärung der Mitarbeiter des Gewandhauses zu Leipzig« enthält eine Neuigkeit. Hieß es bisher über die Ausreisewilligen: »Wir weinen denen keine Träne nach!« (Honecker über die Ungarnflüchtlinge), halten die Gewandhausmusiker dagegen: »Jeder Mensch, der uns den Rücken kehrt und das Land verlässt, ist ein unersetzlicher Verlust.«[200]

Die *Tagesthemen* der ARD zeigen am Abend des 10. Oktobers die verwackelten Videoaufnahmen, die Radomski und Schefke vom Turm der Reformierten Kirche aus von der Leipziger Demonstration gemacht haben. Hajo Friedrichs vermeldet »erste kleine Zeichen«, dass sich »… in der DDR etwas tut«. Um Radomski und Schefke zu schützen (nach geltendem DDR-Gesetz könnten sie bis zu sechzehn Jahren Gefängnis bekommen), flunkert der Moderator, ein italienisches Fernsehteam hätte die Bilder gemacht. Die Stasi verzeichnet für den 9. Oktober 1989 sieben in Leipzig kon-

---

199 Leipziger Volkszeitung vom 10. Oktober 1989, S. 2: »Geprägt von Besonnenheit«.
200 Ebd.: S. 3.

fisierte Videokameras.[201] Dank der Fernsehbilder dringen die Ausmaße der Leipziger Proteste langsam ins Bewusstsein der Weltöffentlichkeit: Man beginnt zu ahnen, dass sich im Inneren des ostdeutschen Staates ein Beben ereignet hat, das sich mit nichts bisher Bekanntem vergleichen lässt.

Über eine Woche braucht die größte Tageszeitung Leipzigs, um die neue Realität in ersten Umrissen zu erkennen. Das erste Mal wird die genaue Anzahl der Demonstranten vom 9. Oktober in der LVZ vom 17. Oktober 1989 mitgeteilt.[202] Die liberaldemokratische Zeitung *Der Morgen* veröffentlicht am 10. Oktober 1989 erstmals Leserbriefe mit Forderungen nach Reformen. Und in der *Union* erscheint unter der Überschrift »Es ist möglich, miteinander zu reden« zum ersten Mal ein wahrheitsgemäßer Bericht über die Vorgänge der letzten Tage.

In den staatlichen Gremien sieht man die Ereignisse anders: Bei der Einsatzauswertung am 10. Oktober 1989 bewertet der verantwortliche Generalmajor Straßenburg das Nichteingreifen der Polizei als Weg zur »Kontinuität und Erneuerung des Sozialismus«.[203] Und eine Erkenntnis reift: »›Mehr denn je‹, berichtete die Politabteilung am 10. Oktober über die Stimmung in der Leipziger Volkspolizei, werde in den Dienstkollektiven vor allem eine Auffassung vertreten: ›Mit polizeilichen Mitteln ist dieser Erscheinung nicht mehr zu begegnen.‹«[204]

Eine interne Information der SED »zur politischen Lage im Bezirk« stellt am 10. Oktober 1989 in unnachahmlichem Parteijargon fest: »Es gibt eine Reihe Meinungen, die zeigen, daß die Eskalierung feindlich negativer Handlungen nicht ohne Einfluss auf die Stimmung der Kämpfer und VP-Angehörigen[205] bleibt. Dominierend ist die Haltung, hier mit aller

---

201 MDR-Dokumentation »Die werden doch nicht schießen« von 1999.
202 Am 11. Oktober 1989 sprach das *Sächsische Tageblatt* der Blockpartei LDPD unter der Überschrift »Von Besonnenheit geprägt« von den Demonstrationen. Gleichzeitig ist davon die Rede, dass »sich die Probleme auf der Straße nicht lösen lassen«.
203 Zit. nach Dokumentensammlung Archiv Bürgerbewegung Leipzig (Signatur ABL 18.3.15.).
204 Hertle, a. a. O. (siehe Anm. 109).
205 VP: Volkspolizei.

Entschiedenheit durchzugreifen. Es wird die Auffassung geäußert, daß wir uns in Fragen der Sicherheit die Initiative nicht aus der Hand nehmen lassen dürfen.«[206] Der Schriftstellerverband der DDR hingegen fordert am selben Tag erstmals einen demokratischen Dialog auf allen Ebenen der Gesellschaft. Die Literaten scheinen wahrzunehmen, was sich im Lande tut, und sich nicht länger verstecken zu wollen. Wäre aber eine solche Forderung auch vor dem 9. Oktober denkbar gewesen?

Der am Abend des 9. Oktobers 1989 am Leipziger Hauptbahnhof eingesetzte Bereitschaftspolizist Toralf Dörre bemerkt in seinem Erlebnisbericht über den Tag der Entscheidung: »Ich war dann am nächsten Montag mit meinem Vater zur Demo.«[207]

---

206 »Information zur politischen Lage im Bezirk« der SED-Bezirksleitung Leipzig vom 10. 10. 1989 (gez. Hackenberg, 2. Sekretär), zit. nach Dokumentensammlung Archiv Bürgerbewegung Leipzig (Signatur ABL 9.1.153)
207 Bohse/Hollitzer: Heute vor zehn Jahren, S. 487.

Die Folgen eines Oktobertags

»... die Menschen haben an diesem Tag ihre Angst überwunden. ... Ich kenne Leute, die haben eine Beruhigungstablette genommen und dann sind sie zur Demo gegangen, weil sie wussten, jetzt dürfen wir nicht nachlassen, sonst geht alles im alten Trott weiter.«
Bernd-Lutz Lange (Kabarettist, einer der »Leipziger Sechs«)[208]

»Dominierend ist die Grundhaltung, auftretende Probleme im Vorwärtsschreiten zu lösen.«
SED-Bezirkssekretär Helmut Hackenberg
(in einem internen Parteipapier vom 10. Oktober 1989)[209]

»Nicht nur in Leipzig kam es am 9. Oktober 1989 zu Protesten ... Kundgebungen fanden auch an anderen Orten statt. Dennoch bildete die große Demonstration in Leipzig... das Schlüsselereignis des Herbstes 1989.«[210] Im ganzen Land und auch im Ausland bangte man an jenem Tag mit Leipzig. Vielerorts betete man für die Leipziger Demonstranten. Ein Bericht des DDR-Innenministeriums stellt fest: »In den Nachmittags- und Abendstunden des 09. 10. 1989 fanden in Leipzig, Dresden, Magdeburg, Halle, Jena, Markneukirchen und Meerane sowie in der Hauptstadt der DDR, Berlin, Veranstaltungen in Kirchen statt, die ihrem Charakter nach gegen die staatliche Ordnung in der DDR gerichtet waren. ... In Beurteilung der demonstrativen Handlungen sowie im Ergebnis von Aufklärungsmaßnahmen wurde sichtbar, dass es sich bei den Ereignissen offensichtlich um eine zentral geleitete staatsfeindliche Aktion handelte, *wobei Leipzig das Zentrum bildete. Wahrscheinlich trug der gewaltlose Verlauf in Leipzig dazu bei, dass die Ansammlung in anderen Städten gleichfalls ohne Konfrontation mit den Sicherheitskräften beendet wurden.*« (Hervorhebungen durch den Autor)[211]

---

208 Kuhn: Wir sind das Volk, S. 11.
209 »Information zur politischen Lage im Bezirk« der SED-Bezirksleitung Leipzig vom 10. 10. 1989, a. a. O. (siehe Anm. 203).
210 Schäfer: Leipzig und seine Ausstrahlung, a. a. O. (siehe Anm. 58).
211 Einsatzauswertung durch Generalmajor Straßenburg vom 10. Oktober 1989, Dokumentensammlung Archiv Bürgerbewegung Leipzig (Signatur ABL 18.3.15).

Nicht nur Leipziger kommen zu den Montagsdemos: Sömmerda grüßt Leipzig!

Die DDR-Regierung selbst war von der Vorbildwirkung Leipzigs so überzeugt, dass sie den Volksaufstand als eine »zentral geleitete« Aktion mit Leipzig als Zentrum ansah – die es jedoch ebenso wie »Rädelsführer« oder Organisatoren der Montagsdemonstrationen nie gegeben hat.

Das Leipziger Vorbild ermutigte: Bis Ende Oktober folgten über 65 Orte dem Muster der Messestadt mit wöchentlichen Demonstrationen. Die meisten waren »Montagsdemonstrationen« und nannten sich auch so. Auch die Friedensgebete machten Schule. Schon am 10. Oktober 1989 registrierte ein SED-Papier: »In Kirchen von Eilenburg, Döbeln und Wurzen zeichnet sich ab, dass ebenfalls so genannte Friedensgebete zur Regelmäßigkeit werden sollen.«[212] Bald gab es Friedensgebete in allen größeren Städten der DDR, an etlichen

---

212 »Information zur politischen Lage im Bezirk« der SED-Bezirksleitung Leipzig vom 10. 10. 1989, a. a. O. (siehe Anm. 203)

Standorten wurden sie zur ständigen Einrichtung. In seinem Lagebericht vom 16. Oktober 1989 befürchtet Erich Mielke: »... daß ähnliche Veranstaltungen wie in Leipzig vor allem in der Marktkirche von Halle ... im Magdeburger Dom sowie in der Zwickauer Kirche stattfinden sollen. Außerdem ist beabsichtigt, eine ›Informationsandacht‹ in der Gethsemanegemeinde von Berlin abzuhalten.«[213]

In Karl-Marx-Stadt wurden Ende Oktober 1989 die Demonstrationen ebenfalls auf Montag verlegt. Am 23. Oktober konnte man in Leipzig ein Transparent mit der Mitteilung »Mecklenburg schläft nicht!« lesen – eine wichtige Botschaft, denn im Norden hatten bislang nur die Friedensandachten in Rostock von sich reden gemacht. Gleichzeitig besagte dieses Transparent, dass man sich *in Leipzig* mit dem öffentlichen Widerstand des übrigen Landes solidarisierte – hier war der Ort, ein solches Statement »zu veröffentlichen«.

Ein Neubrandenburger kam vom Besuch der Leipziger Montagsdemonstration Ende Oktober euphorisiert nach Hause: »Ich habe mir dann abends zuhause all die Sprüche, die in Leipzig durch die Straßen schallten, aufgeschrieben, hab' sie dann auch in kleinen Zetteln meinen Freunden gegeben. Wir trauten uns dann auch hier in Neubrandenburg, bei fünfzehn- bis zwanzigtausend Demonstranten, Parolen zu rufen.«[214]

Ein Mann aus Merseburg fuhr mit seinem Sohn auch dann regelmäßig nach Leipzig, als es in seinem Heimatort schon Demonstrationen gab: »... wir sind lieber nach Leipzig, weil uns doch klar war, dass in Leipzig die Geschichte Deutschlands entschieden wird ...«[215]

Zur Wirkung der Leipziger Demonstrationen auf die Ostberliner erklärte ein Friedensaktivist der Evangelischen Studentengemeinde: »... das andere – von dem wurden wir hier in Berlin ein Stück überrascht – war der Druck der Straße in Leipzig, den wir in Berlin so vordergründig eigentlich nicht erlebt hatten. Erst nachdem in Leipzig Demonstrationen

---

213 Mitter/Wolle: Ich liebe euch doch alle – Lageberichte des MfS, S. 227.
214 Zit. nach Schäfer: Die Heldenstadt Leipzig und ihre Ausstrahlung im Herbst 1989, S. 8 (siehe Anm. 58).
215 Ebd.

stattgefunden hatten, gingen wir hier in Berlin viel breiter auf die Straße.«[216] Bei der großen Demonstration der Ostberliner Künstlergewerkschaft am 4. November 1989 tauchten viele Parolen auf, die man in den Wochen zuvor schon in Leipzig hörte und sah.[217] Waren politische Aktionen und erst recht öffentliche Meinungsbekundungen vor dem Leipziger 9. Oktober stets von der Polizei oder der Staatssicherheit bedroht, lief man bis dahin auf kritischen Veranstaltungen stets Gefahr bedrängt, eingekesselt, geschlagen, verhaftet und verhört zu werden, so herrscht nach dem Leipziger Oktobermontag eine andere Stimmung im Land: Über Nacht war es möglich geworden, frei zu gehen, zu atmen, zu reden. In Berlin konnte die Schauspielgewerkschaft des Berliner Ensembles[218] nun sogar legal eine staatskritische Großdemonstration anmelden.

Friedensengel und Heldensagen

Schon Stunden nach dem Leipziger Durchbruch kursierten die ersten Legenden über den 9. Oktober. Allen voran die Behauptung, es sei auf Wunsch und Befehl des Genossen Egon Krenz aus Berlin in Leipzig nicht geschossen worden. Doch der Leipziger SED-Sekretär Wötzel berichtete aus der Einsatzzentrale von der Zeit nach dem Anruf der Leipziger bei Krenz in Berlin: »... dann war [...] mindestens eine halbe Stunde Pause [...] Da sagte plötzlich Helmut Hackenberg ›Nu brauchen se auch nicht mehr anzurufen, nu sind se rum!‹«[219] (Gemeint ist, dass die Demonstranten inzwischen den Innenstadtring vollständig in Besitz genommen hatten.) Im entscheidenden Moment wagt niemand, den Befehl zur

---

216 Findeis, Schilling, Pollack: Die Entzauberung des Politischen. Was ist aus den politisch alternativen Gruppen der DDR geworden?, Leipzig 1994, S. 121.
217 In Leipzig rief man am 23. Oktober, was am 4. November auch in Berlin gefordert wurde: »Egon reiß die Mauer ein, denn wir brauchen jeden Stein!«
218 Offizieller Antragsteller war Schauspieler Wolfgang Holz, Vertrauensmann der Gewerkschaft Schauspiel am Berliner Ensemble »im Auftrag von Angehörigen der Theater und Verbände unseres Landes«, vgl. Mitter/Wolle: Ich liebe euch doch alle – Lageberichte des MfS, S. 242.
219 Kuhn: Wir sind das Volk, S. 138.

Ausführung der Niederschlagungspläne zu geben. Das Stasi-Protokoll verzeichnet den Verzicht auf die Niederschlagung der Demonstration mit der Begründung, die Entscheidung sei »... entsprechend der Lageentwicklung...« durch den Einsatzleiter gefallen.[220] Von Krenz ist keine Rede. Kein Wunder: Am Abend des 9. Oktober interessierte Krenz sich kaum für Leipzig. Er war, nach eigener Aussage, damit beschäftigt, gemeinsam mit Günter Schabowski und anderen eine ZK-Intrige zur Absetzung Honeckers zu schmieden, um sich als »Retter des Sozialismus« auf dessen Position zu bringen. Die Unruhen in Leipzig gefährdeten die Palastrevolte. Krenz brauchte im entscheidenden Moment fast eine Stunde, bis er den Leipzigern antwortete. Er musste sich vergewissern, dass Honecker keinen Verdacht schöpfte. Nach dem 9. Oktober hat sich Krenz immer wieder für die militärische Option einer Zerschlagung der Demonstrationen ausgesprochen. Die Gewaltanwendung sollte unter Vermeidung des Gebrauchs von Schusswaffen erfolgen – dies hätte die Aufrechterhaltung des SED-Regimes und die geplante Selbstinszenierung als »Gorbatschow der DDR« gefährdet. Am 13. Oktober 1989 formulierte Krenz mit dem Stabschef des Nationalen Verteidigungsrats Oberst Streletz einen Befehl, der für das nächste Leipziger Friedensgebet 68 NVA-Hundertschaften in Bereitschaft versetzte und eine militärische »Marschstraße nach Leipzig« festlegte.[221] Der Bezirksbehörde der Volkspolizei Leipzig wurde im »Auftrag des Genossen Egon Krenz« mitgeteilt, dass für den 16. Oktober 1989 der Einsatz bewaffneter Kräfte und der NVA geplant waren, mit dem Ziel, »unter allen Umständen« eine »Massendemonstration im Zentrum Leipzigs« zu verhindern.[222] Besonders peinlich: Krenz behauptete schließlich während einer Volkskammersitzung am 17. November 1989 vor Journalisten, er sei am 9. Oktober persönlich in Leipzig

---

220 Streng geheime Stasi-Information vom 10. Oktober 1989, a. a. O. (siehe Anm. 180). Der Verteiler weist Gen. Egon Krenz an 7. Stelle als Empfänger des Papiers aus.
221 Einzelheiten vgl. Hollitzer: Heute entscheidet sich – die oder wir, in: Horch und Guck, 2/98.
222 Aktennotiz des Stabschefs der VP Bezirksbehörde Oberst Burghardt über die Einweisung am 14. 10. 1989 beim Chef des Hauptstabs der NVR Generaloberst Streletz, zitiert nach Minderheitenvotum Arnold, Anlage, S. 698.

gewesen, um »... politische Dinge politisch zu lösen ...«[223] In Wirklichkeit kam er erstmals am 13. Oktober nach Leipzig. Sein von Honecker unterzeichneter Vorstoß »nicht von der Schusswaffe Gebrauch zu machen«, stammte ebenfalls erst von jenem Tag – vier Tage, in denen eine grundlegend andere Situation entstanden war. Als die Legende vom Friedensengel Krenz schließlich auf der Ostberliner Großdemonstration am 4. November 1989 auch vom Genossen Gregor Gysi in der Variante »*Honecker gab Schießbefehl, doch Krenz verhinderte ihn*« kolportiert wird, rührt sich keine Hand zum Applaus – obwohl Gysi (dem manche später nachsagen, identisch mit dem IM »Notar« zu sein) damals sehr beliebt war.[224] Egon Krenz war es übrigens, der am 18. Oktober 1989, als er Honeckers Nachfolge antrat, erstmals die so genannte »Wende« ankündigte. Gemeint war damit ein neuer Politikstil der SED-Führung zwecks Erhaltung der alten Machtverhältnisse in der DDR. Diese Vokabel hatte, ebenso wie der proklamierte »Dialog« vor allem eine propagandistische Funktion zum Zwecke der Disziplinierung der Demonstranten, deshalb ist sie als Bezeichnung für den Prozess der *friedlichen Revolution* von 1989 insgesamt denkbar ungeeignet.

Selbst wenn heute außer Frage steht, dass der friedliche Ausgang des 9. Oktober in Leipzig auch auf die Vernunft etlicher Entscheidungsträger in der SED zurückzuführen ist – die Legende vom Friedensengel Krenz konnte schon damals kaum jemand glauben. Gewandhauskapellmeister Masur bemerkte dazu: »Wir sechs, die wir beteiligt waren, wußten genau, daß das Nichteingreifen eine Leipziger Entscheidung war. Wir wußten nicht, wie viele Kommandeure der militärischen Einsatzkommandos usw. selbständig gehandelt und gesagt haben, hier spielen wir nicht mit oder hier halten wir uns zumindest zurück. Das ließ sich hinterher gar nicht mehr

---

223 Zit. nach SPIEGEL 48/89.
224 Krenz' Motiv, sich Mitte November 1989 als Friedensengel von Leipzig zu präsentieren (obwohl ihm dies schon früher für die Glaubwürdigkeit der »Politik des Dialogs« hätte nützlich sein können), lag darin, spätestens im Dezember seine Position wieder verteidigen zu müssen: Dann sollte ein SED-Sonderparteitag erneut über die Partei- und Staatsführung entscheiden.

kontrollieren.«[225] Wie fatal Krenz bis heute seine Rolle über- und die der Demonstranten unterschätzt, zeigt sein Aufsatz über das Ende der DDR, veröffentlicht im Dezember 2004 in den »Mitteilungen der Kommunistischen Plattform der PDS«. Dort schreibt er über die Zeit vom 7. bis 13. Oktober lapidar: »Kurz nach dem 40. Jahrestag der DDR fand die längst überfällige Auseinandersetzung über die krisenhafte Lage der DDR im Politbüro statt. Angestoßen wurde sie durch die misslungene Festrede Honeckers, die Ereignisse am Rande der Feierlichkeiten in Berlin und einigen Bezirken sowie den Vorschlag von Krenz für eine Erklärung zur politischen Lage.« Interessant auch die Kapitelüberschrift: »Keine Gewalt – 9. November 1989«. Egon Krenz – ein ehemaliger Bürgerrechtler?

Zur Legende verklärte der Leipziger Stasichef Hummitzsch endgültig sechs Wochen nach dem *Tag der Entscheidung* auf einer Sitzung der SED-Bezirksleitung was geschehen war: »... bereits am Morgen des 9. Oktobers ... bestand absolute Klarheit, daß weder der Einsatz von Schußwaffen noch der Einsatz anderer sogenannter polizeilicher Hilfsmittel mehr möglich ist, um diese Demonstration zurückzudrängen ... Auch im Gegensatz zu zentralen Befehlen.«[226] – Letzteres ist bemerkenswert, hörte man doch von allen Verantwortlichen immer wieder einhellig, es hätte keine »zentralen Befehle« (d. h. aus Ost-Berlin) gegeben.

Nicht Friedensabsicht, sondern Hilflosigkeit – das gilt auch für die Entscheidung des Leipziger Einsatzleiters Hackenberg zum Rückzug am 9. Oktober. Dieser verzichtete nicht etwa auf Grund prinzipieller Einsicht auf die Niederschlagung, sondern weil sich der Einsatz wegen der hohen Teilnehmerzahl schlicht als undurchführbar erwies. Die Pläne, die man seit dem 17. Juni 1953 mit enormem Aufwand an Material, Geld und Personal gegen mögliche Erhebungen des eigenen Volkes immer wieder neu entworfen und aktualisiert hatte,

---

225 Kuhn: Wir sind das Volk, S. 140.
226 Protokoll der SED-Bezirksleitungs-Sitzung vom 21. 11. 1989, a. a. O, (siehe Anm. 143).

erwiesen sich als untauglich. Die Offenbarung dieser Blamage wollte man vermeiden, zumal die Medien der DDR in Erwartung der Niederschlagung an diesem Tag erstmals aufgefordert waren, über die Leipziger Unruhen zu berichten, um das Exempel propagandistisch auszuwerten. Einsatzleiter Hackenberg fiel drei Tage nach dem 9. Oktober seinen drei Genossen Wötzel, Pommert und Meyer in den Rücken, als er sich weigerte, ihren Alleingang als Mitunterzeichner des Aufrufs der Leipziger Sechs vor den Gremien der SED zu decken. Man muss Hackenberg aber zugute halten, dass er sich nie öffentlich als »Friedensengel« exponiert hat, obwohl er es war, der den entscheidenden Befehl zur »passiven Eigensicherung« gegeben hatte. Und sein Mitstreiter, Leipzigs Polizeichef Generalmajor Straßenburg äußert sich auf einer Pressekonferenz am 2. März 1990 sogar so über die Leipziger Oktoberereignisse 1989: »Heute betrachte ich das Einschreiten der Volkspolizei als Missbrauch durch eine korrupte Partei- und Staatsführung.« Zum Aufruf der Leipziger Sechs bemerkt er außerdem, dass er sicher beruhigend auf die Menschen in den Straßen ausgewirkt hätte, die Befehlslage und seine eigenen Entscheidungen jedoch keineswegs beeinflusst hätte, da er am 9. Oktober von dessen Wortlaut erst gegen 19 Uhr erfahren hätte: Der Rückzugbefehl war von ihm schon über eine halbe Stunde vorher erteilt worden, obwohl sein Dienstherr Innenminister Dickel bis zum Schluss auf der gewaltsamen Auflösung der Demonstration beharrte.[227]

Nicht Einzelpersonen sind verantwortlich für den glücklichen Ausgang des 9. Oktobers 1989. Auch Nikolaipfarrer Führer oder Gewandhausdirektor Masur, die zu medialen Symbolfiguren des Volksaufstandes wurden, kann man den Verdienst nicht zuschreiben. Ursache für den geglückten Ausgang der Demonstration am 9. Oktober war allein die hohe Anzahl entschlossener Demonstranten und ihr konsequent friedliches Auftreten. Einer der Leipziger Sechs, Roland Wötzel

---

[227] Zit. nach H.-J. Sievers: Stundenbuch einer deutschen Revolution, S. 95.

(der im November 1989 dann zum neuen Leipziger SED-Bezirkschef aufstieg) blieb realistisch: »Mein Beitrag zur friedlichen Wende ist nur ein kleiner gewesen. Den Hauptbeitrag haben die ... geleistet, die demonstrierten und riefen ›Wir sind das Volk!‹ «[228] Es waren weder brennende Kerzen, die die Leipziger Einsatzleitung überraschten, noch rettende Anrufe aus Berlin, die die Lage bestimmten. Es war die Übermacht der Demonstranten, die mit sanfter Gewalt die Wirklichkeit in die abgeschottete Welt der sozialistischen Staatsfunktionäre brachte. – »... und ohne eine einzige zerbrochene Schaufensterscheibe«, wie Nikolaipfarrer Christian Führer später in einem Fernsehbericht zutreffend bemerkte.

Im Gegensatz zu einer bis heute weit verbreiteten Meinung können wir die ostdeutschen Kirchen als Orte der gesellschaftlichen Auseinandersetzung nicht gleichsetzen mit den Quellen dieses gesellschaftlichen Wandels. Der Anteil der Kirchenmitglieder in der DDR betrug 1990 kaum 30 Prozent. Etwa 25 Prozent waren evangelisch, ca. 4 Prozent katholisch. Etwa 70 Prozent der Ostdeutschen waren konfessionslos.[229] Das dürfte auch für die Demonstranten des Herbstes 1989 gelten. Der Begriff der »protestantischen Revolution«, der gelegentlich synonym für den Herbst 1989 benutzt wird, ist irreführend. Er verschweigt zudem die Konflikte zwischen politischer Protestbewegung und kirchlichen Institutionen ebenso, wie er Voraussetzung und Ereignis verwechselt: Wohl waren die christlichen Basisgruppen und das Vorhandensein kirchlicher Freiräume Voraussetzungen für den Aufstand von 1989; die Entscheidungen jedoch fanden auf der Straße statt. Die Friedensgebete waren die Kristallisationspunkte, mit denen alles begann, aber erst die Demonstrationen haben den Staat bezwungen. Keinesfalls soll in Abrede gestellt werden, dass vor allem viele protestantische Aktivisten und Geistliche ein wichtiger Katalysator für den friedlichen Verlauf der Ereignisse waren und dank ihrer Erfahrung in synodaler

---

228 Zit. nach DER SPIEGEL 48/1989.
229 Findeis/Pollack/Schilling: Die Entzauberung des Politischen. Leipzig 1994.

Demokratie vielerorts zu kompetenten Sprechern wurden, wenn es um Verhandlungen mit dem zerfallenden Staat bzw. um die gesellschaftliche Neuorganisation ging. Es ist also angemessener, von einer prägenden Rolle vor allem der Protestanten bei der *friedlichen Revolution* zu sprechen, die aber ohne die Mehrheit der Konfessionslosen nicht stattgefunden hätte. Kerzen und Gebete bewirkten Frieden, aber noch keine Revolution. Dazu bedurfte es des Mutes der Straße und der klaren politischen Widerrede.

Am 9. Oktober 1989 fanden sich unter allen Beteiligten verantwortungsvoll handelnde Menschen, nicht nur bei Demonstranten und politischen Aktivisten, sondern auch bei den Vertretern von Kirche, Stadt und Staat sowie bei den bewaffneten Einheiten und Kampfgruppen. Dennoch scheint es angesichts fortdauernder »ideologischer Diversion«[230] ehemaliger DDR-Funktionäre nach wie vor nötig, darauf hinzuweisen, dass Ursache und Wirkung nicht vertauscht werden dürfen, wenn ein realistisches Bild vom ersten unblutigen Systemwechsel in der deutschen Geschichte entstehen soll: Die Demonstranten zwangen die Funktionäre, friedlich zu reagieren. Diese hatten nach dem 9. Oktober nur noch die Wahl zwischen blutigem oder friedlichem Abgang.

Friedliche Revolution – ab sofort im ganzen Land

Das *Neue Deutschland*[231] bezeichnet den Leipziger Volksaufstand am 10. Oktober 1989 als »durch Provokateure von langer Hand vorbereitete aufgeputschte Randale«. In den Ostberliner Redaktionsstuben konnte man sich schlicht nicht vorstellen, dass eben kein »neuer 17. Juni« stattgefunden hatte, sondern sich in Leipzig der Umschlag in eine neue Qualität der politischen Auseinandersetzung vollzogen hatte.[232]

---

230 Marxistischer Fachbegriff für »gezielt geistige Verwirrung stiften«.
231 Damals noch staatstragendes »Zentralorgan der SED«.
232 … gemäß dem Marxschen Gesetz vom »Umschlag der Quantität in eine neue Qualität«.

Am 9. Oktober 1989 war die Forderung »Neues Forum zulassen!« in Leipzig allgegenwärtig gewesen. Am friedlichen Ablauf der Demonstration hatten die Befürworter des Neuen Forums großen Anteil. In ihrem Namen wurde am frühen Nachmittag des 9. Oktober ein Flugblatt verteilt, in dem es hieß: »Organisation statt Konfrontation – Dialog statt Gewalt – Einsatz für Demokratie mit demokratischen Mitteln ... Provoziert nicht, lasst Euch nicht provozieren – Durchbrecht keine Absperrungen – Keine Konfrontation mit BePo [233] und Kampfgruppen – Schützt die Polizisten vor Übergriffen – Stoppt Betrunkene, Provokateure, alle Gewalttätigen ... Die demokratische Bewegung kann nur friedlich und gewaltfrei ihren Weg gehen ...«[234] Der Gründungsappell des Neuen Forums – »*Wir alle brauchen einen freien Meinungsaustausch über die Weiterführung des Sozialismus in unserem Land.*« – erhielt mit dem Aufruf der Leipziger Sechs eine erste Antwort. Hier vertraten Leipziger Staatsfunktionäre Positionen, die Tage zuvor noch als verfassungsfeindlich galten. Das Neue Forum wird in den folgenden Wochen Vorreiter bei der Forderung nach Reformen, Mitspracherecht und Versammlungsfreiheit. In Leipzig beginnt man Anfang Oktober lokale Strukturen des Neuen Forums aufzubauen, Kontaktadressen werden verteilt, es bilden sich regionale Arbeitsgruppen, Sprecher werden gewählt. Etliche Wortführer des Neuen Forums wollen Veränderungen in der DDR, sie streben jedoch keine kapitalistische Gesellschaft an und gehen von der Zweistaatlichkeit Deutschlands aus: »Noch mitten in der Revolution 1989, als die Demonstranten längst die Einheit forderten, erklärten Vertreter des ›Neuen Forums‹ apodiktisch: ›Annerkennung der Zweistaatlichkeit Deutschlands als Folge der schuldhaften Vergangenheit‹.«[235] Die Zulassung des Neuen Forums als politische Gruppierung am 8. November 1989 wird zum Präzedenzfall der einsetzenden Demokratisierung.[236]

233 BePo: Bereitschaftspolizei.
234 Vgl. Aufbruch 89, S. 70.
235 Neubert, in: Kowalczuk/Sello: Freies Land mit freien Menschen, S. 190.
236 Für die ersten freien Wahlen schließt sich das Neue Forum ab Februar 1990 mit Demokratie Jetzt (DJ), Initiative für Frieden und Menschenrechte (IFM) und Unabhängigem Frauenverband (UFV) zum Bündnis 90 zusammen, das

Der 9. Oktober 1989 erweist sich als der entscheidende Durchbruch gegen die SED-Herrschaft, er stößt das Tor zum Erfolg der *Friedlichen Revolution* auf. Selbstverständlich hat der Umstand, dass Gorbatschow die sowjetischen Truppen an jenem Tag in den Kasernen ließ, zum Erfolg dieses Volksaufstandes entscheidend beigetragen. Wer aber meint, die Lage sei für die Demonstranten deshalb weniger gefährlich gewesen, irrt: Auch ohne die Unterstützung der Sowjetunion standen die »bewaffneten Organe der DDR« teilweise noch bis weit nach dem Jahreswechsel 1989/90 in Bereitschaft, die Existenz der DDR zu verteidigen. Nun wollten die Parteistrategen die Situation wieder in den Griff bekommen: Mit der Leitparole »Der Dialog kann nicht auf der Straße geführt werden« ging man auf die Forderungen nach Gesprächen über Reformen ein, um die Kontrolle über das Land wiederzugewinnen. Damit griffen die regierenden Genossen eine populäre Forderung der bislang illegalen Opposition auf, die seit Wochen unter dem Slogan »Dialog ja – Gewalt nein« erfolgreich versucht hatte, der *kritischen Bewegung* endlich zu einer legalen Rolle als Diskussionspartner zu verhelfen. Während die Sprecher der Demonstranten (die Aktivisten des Neuen Forums und etlicher anderer neuer Gruppen und Bewegungen u. a. m.) die Wucht der Ereignisse dazu nutzten, den regierenden SED-Vertretern erstmals partnerschaftliche Verhandlungen um konkrete politische Ziele abzuringen – womit sie eine Basis für künftige Bürgerkomitees, Runde Tische u. ä. verdienstvolle politische Instrumente des Übergangs zur Demokratie schufen – hofften die unter Druck geratenen Machthaber, mit Zugeständnissen an die Demonstranten die Proteste zurückdrängen und ihre Machtposition sichern zu können. Am 11. Oktober erklärte das ZK der SED den »Dialog« mit der Bevölkerung offiziell für eröffnet. Selbstverständlich zu den Bedingungen der herrschenden Partei. Diese

nur 2,9 % der Stimmen erhält. Später wechseln die Aktivisten in verschiedenste Organisationen – von linksradikal über bürgerliche Parteien bis hin zur rechtsradikalen DVU. Als Splitterpartei existiert das Neue Forum bis heute: Da man versäumte, die verdienstvolle Institution nach dem Erreichen ihrer Ziele aufzulösen, nutzen einige dieses »Überbleibsel der kritischen Bewegung« heute zur Selbstdarstellung unter historischem Namen.

Strategie blieb nicht ohne Wirkung: Aus Angst vor einer »chinesischen Lösung« hielten nicht wenige DDR-Bürger den »Dialog« bereits für eine respektable Lösung. Schließlich ging es auch den hartnäckigsten Demonstranten um Reformen und Demokratie innerhalb der DDR. Kaum jemand hatte im Herbst 1989 die Absicht, die DDR als Staat abzuschaffen. »Die kirchlichen Vertreter sollen aufgefordert werden, von ihrer Seite aus aktiv Einfluss zu nehmen, dass es zu keinen Demonstrationen kommt«, hieß es in einer Information des »Genossen Egon Krenz« vom 14. Oktober 1989 an die Leipziger Bezirksbehörde der Volkspolizei.[237] Am 16. Oktober verteilte man auf dem Leipziger Karl-Marx-Platz Flugblätter von Universitätsprofessoren, die zur sofortigen Beendigung der Demonstrationen aufriefen. Auch die Leipziger Pfarrer Peter Weiß und Gottfried Schleinitz riefen auf Flugblättern, die vor der Universität verteilt wurden, dazu auf, nicht mehr auf die Straße zu gehen. Die *LVZ* forderte auf ihrer Titelseite, man solle »...auf die Straße zur Artikulation der Besorgnis verzichten«. Fast alle Zeitungen im ganzen Land forderten, dass nun statt der Demonstrationen der Dialog geführt werden solle. Man kann in den SED-Protokollen der zweiten Oktoberhälfte landesweite Klagen der Parteibasis darüber lesen, der »Dialog« brächte nicht den gewünschten Erfolg, da die Leute »immer noch demonstrierten«... Doch die Demonstranten hatten ihre Stärke erkannt. Sie verweigerten sich nicht dem »Dialog« mit der SED: Eine Vielzahl von Verhandlungen und Gesprächsveranstaltungen setzten vielerorts ein. Die Macht der Straße gab man jedoch trotz der andauernden Appelle von allen Seiten nicht wieder preis.

Am 10. Oktober 1989 beschlossen die Begründer des Leipziger Neuen Forums, Michael Arnold und Edgar Dusdal, das Dialogangebot der SED-Genossen unter den »Leipziger Sechs« ernst zu nehmen. Sie baten einen der Unterzeichner

---

237 Aktennotiz des Stabschefs der VP Bezirksbehörde Oberst Burghardt über die Einweisung am 14. 10. 1989 beim Chef des Hauptstabs der NVR Generaloberst Streletz, a. a. O. (siehe Anm. 222).

des Aufrufs, den Bezirkssekretär Roland Wötzel, um ein Gespräch. Wötzel wich aus und schickte den Prorektor der Karl-Marx-Uni Horst Stein vor. Dieser hielt im Protokoll der Begegnung fest: »Ziel des von mir geführten Gespräches bestand darin, von Arnold zu erfahren, welche Aktivitäten die Gruppe Leipzig des *Neuen Forum* weiter plane ... und ihn zu gewinnen für ›beruhigende Aktionen‹.«[238] Fest steht, dass trotz aller taktischer Erwägungen die Dialogverhandlungen der Opposition mit der SED in den folgenden Tagen und Wochen dazu beigetragen hat, dass die Revolution von 1989 insgesamt friedlich verlief und ein erfolgreicher Übergang von der Diktatur zur Demokratie möglich wurde. Die Stärke der Verhandlungsführer seitens der Opposition war dabei freilich stets kongruent zur Stärke der landsweiten Demonstrationen.

Unbeeindruckt von der doppelbödigen SED-Taktik des »Dialogs« gingen am 16. Oktober 1989 in Leipzig fast doppelt so viele Menschen auf die Straße wie in der Woche zuvor, insgesamt über 120 000. Zwar standen diesmal ungleich mehr bewaffnete Kräfte bereit, doch der Einsatz der Schusswaffe war, wie berichtet, untersagt. Allerdings wusste das niemand. Gleichzeitig ahnten die wenigsten, wie gefährdet die Demonstranten dennoch waren – das Ziel der nun maßgeblich von Krenz befehligten Einsatzkräfte hieß nach wie vor: Verhinderung bzw. Auflösung der Demonstration. Der Leipziger Einsatzleiter Hackenberg schrieb am 15. Oktober an Honecker, er habe »... vielfältige Maßnahmen ausgelöst, mit dem Ziel, eine Demonstration in der Stadt Leipzig am 16. 10. zu verhindern«. Um die Demonstration zu verhindern, sollte Superintendent Magirius auf dem Markt oder Karl-Marx-Platz sprechen.[239] Von den Demonstranten befürchtete niemand mehr eine Verhinderung der Demonstration. Kaum jemand ahnte, dass wiederum nur die hohe Demonstrantenzahl ein Eingreifen der Truppen verhinderte. Der 9. Oktober

---

238 Bohse/Hollitzer: Heute vor zehn Jahren, S. 515.
239 Brief vom 15. 10. 1989 »2. Sekretär der BL Leipzig der SED und Vorsitzender der BEL im Amt – Generalsekretär des ZK der SED, Vorsitzender des Staatsrates und des nationalen Verteidigungsrates der DDR« Dokumentensammlung beim Sächsischen Landesbeauftragten für die Stasi-Unterlagen, Ordner 93.

Eine der ersten Forderungen des Herbstes 1989: Ziviler Ersatzdienst!

hatte das Bewusstsein der Demonstranten verändert: Man war sich nun der Wirksamkeit des friedlichen Protests sicher, wusste die Mehrheit des Landes hinter sich und betrachtete den Aufmarsch der bewaffneten Truppen als ratlose Drohgebärde einer im Zerfall begriffenen Macht. Zum ersten Mal trug man nun ungehindert Transparente mit differenzierten Forderungen durch Leipzig und skandierte Losungen, die die Vielzahl der nötigen Reformen deutlich machten.

Dass als eine der ersten Forderungen überhaupt die Losung »Für einen Zivilen Ersatzdienst!« auf einem Leipziger Transparent auftauchte, erscheint heute verwunderlich. Damals überraschte es niemanden, war dies doch nicht nur eine der zentralen Forderungen der christlichen Friedensbewegung: Die Forderung besaß aktuelle Brisanz angesichts der Tatsache, dass in den Reihen der Einsatzkräfte nicht selten Söhne, Brüder und Väter ihren eignen Familien unter den Demonstranten gegenüberstanden. So hielt Christoph Wonnebergers Idee vom Sozialen Friedendienst, die einst zur Entstehung der Friedensgebete führte, Einzug in die *Friedliche Revolution*.

Endlich klare Botschaften: Demo-Banner in Leipzig.

Am 18. Oktober 1989 tritt Erich Honecker zurück, in der offiziellen Regierungserklärung heißt es: »Das ZK hat der Bitte Erich Honeckers entsprochen, ihn aus gesundheitlichen Gründen von der Funktion des Generalsekretärs, vom Amt des Staatsratsvorsitzenden und von der Funktion des Vorsitzenden des nationalen Verteidigungsrates der DDR zu entbinden.« Nachfolger Krenz versucht mit neuen Mitteln die alte SED-Politik fortzusetzen. Am 21. Oktober, zwölf Tage nach dem Durchbruch von Leipzig und achtzehn Tage vor dem Mauerfall, erscheint jedoch eine grundlegende Erkenntnis erstmals in den Ausführungen des Stasi-Chefs Mielke: »Genossen! Meine bisherigen Ausführungen und Eure eigenen Einschätzungen besagen, daß wir uns völlig veränderten Kräftegruppierungen gegenübersehen.«[240]

Wie der »Dialog« von den Machthabern tatsächlich interpretiert wird, zeigt eine Rede des Innenministers Dickel vom 21. Oktober (elf Tage nach Ausrufung des »Dialogs«) vor den Bezirkschefs der Volkspolizei: »Ich würde am liebsten hingehen und diese Halunken zusammenschlagen, daß ihnen keine

---

240 Mitter/Wolle: Befehle und Lageberichte des MfS, S. 229.

Egon Krenz als Märchenfigur (auf der Demonstration auf dem Berliner Alexanderplatz am 4. November 1989).

Jacke mehr paßt. Ich war 1953 verantwortlich hier in Berlin. Mir braucht keiner zu sagen, was die weiße Brut veranlasst. ... Schießen, liebe Genossen, und daß die Panzer dann vor der Bezirksleitung und vor dem ZK stehen, das wäre doch die einfachste Sache. Aber solch eine komplizierte Situation nach 40 Jahren DDR?«[241] Am 31. Oktober 1989 heißt es in einer Vorlage für das Politbüro, unterzeichnet von Mielke, Dickel und anderen: »Wenn es nicht gelingt, den Masseneinfluß mit politischen Mitteln zurückzudrängen, ist ein möglicher Ausnahmezustand nicht auszuschließen ...«[242]

Am 4. November findet die erste offiziell angemeldete Protestdemonstration des Herbstes 1989 statt: Auf dem Berliner Alexanderplatz treffen sich über eine Million Menschen aus allen Teilen des Landes mit Hunderten von Transparenten und politischen Forderungen nach Reformen. Prominente Redner kritisieren die alte Garde, die SED-Herrschaft wird jedoch von ihnen nicht in Frage gestellt. Was die Berliner Demonstranten von Krenz' »Dialog« halten, illustriert ein Transparent, das danach noch wochenlang durch die internationalen Medien

---

241 Tonbandprotokoll vom 21.10.1989, BStU ZA HA VII 1195, 8.
242 Bohse/Hollitzer: Heute vor zehn Jahren, S. 473.

geistert: Es zeigt Krenz mit Großmutterhaube und zottigen Wolfsohren im Bett grinsend sein legendäres Gebiss bleckend: »Großmutter, warum hast du so große Zähne?«

Auch nach dem 9. Oktober lässt Krenz wieder bewaffnete Hundertschaften in Leipzig aufmarschieren: Er sucht eine Möglichkeit zur Beendigung der für die SED ungünstigen Entwicklung. Die Teilnehmerzahlen der Leipziger Montagsdemonstrationen aber wachsen unaufhaltsam – man fordert das Ende der SED-Herrschaft. Am 6. November 1989 findet die mächtigste Leipziger Montagsdemonstration statt. Mehr als 400 000 Demonstranten marschieren durch den strömenden Regen für freie Wahlen, die Zulassung des Neuen Forums und Reisefreiheit – eine halbe Million Teilnehmer meldet der SPIEGEL. Am Tag darauf fordert die westdeutsche Regierung auf einem Treffen mit DDR-Chefaußenhändler Schalck-Golodkowski die Zulassung oppositioneller Gruppen, andernfalls sehe man sich außer Stande die wirtschaftliche Unterstützung der DDR fortzusetzen. Zwei Tage später beschließt das SED-Politbüro, das Neue Forum zuzulassen. Drei Tage später fällt die Mauer. Nicht nur Berlin ist frei – das ganze Land jubelt. Die alte Grenze zerbricht. Die Nachkriegszeit ist zu Ende. Die SED-Herrschaft von Moskaus Gnaden ist beendet. Der Eiserne Vorhang zerschmilzt binnen weniger Wochen wie Eis in der Frühlingssonne. Wie gefährdet der neue Frieden zu jener Zeit aber noch ist, belegt eine Bemerkung des SPIEGEL, der Ende November 1989 einen »ranghohen Bonner Sowjetdiplomaten« zitiert: Würde die DDR »... zu sehr aufgemischt, könnte doch noch eine militärische Intervention der Roten Armee erforderlich werden – auch um den Preis des Zusammenbruchs der neuen Außenpolitik.«[243]

Am 4. Dezember besetzen Bürgerkomitees die Bezirksverwaltungen der Staatssicherheit unter anderem in Erfurt und Leipzig. Sie verhindern die im großen Maßstab ange-

---

243 In: »Der Druck von unten wächst« – DER SPIEGEL Heft 48/89, 27. November 1989.

laufene illegale Vernichtung von Akten und setzen der fortwährenden Bespitzelung und »Zersetzung« durch die Staatssicherheit zumindest teilweise ein Ende – ein entscheidender Schritt in Richtung Demokratie, der ohne den friedlichen Ausgang des 9. Oktobers 1989 und das daraus resultierende neue Machtverhältnis zwischen »Volk und Staatsapparat« undenkbar wäre.

»... als mit dem friedlichen Verlauf in Leipzig der Bann gebrochen war, schwoll die Welle der Demonstrationen weiter an, die dann der Revolution bis Dezember immer neuen Schwung gab«[244]: Die *Friedliche Revolution* gewinnt an Kontur, die politischen Ziele der Demonstranten werden landauf, landab immer konkreter formuliert. Am 1. Dezember wird der »Führungsanspruch der SED« aus der DDR-Verfassung getilgt – die Allmacht der Partei ist nach 40 Jahren faktischer Alleinherrschaft endgültig gebrochen. Aus der Fülle der Protestformen und Bewegungen kristallisieren sich Strukturen, die zunehmend in der Lage sind, die vielfältigen Ziele der Demonstranten konstruktiv zu vermitteln und politisch durchzusetzen: Am 7. Dezember findet in Ostberlin die erste Beratung des *Zentralen Runden Tisches* statt, der von nun an die Entscheidungen der Regierung maßgeblich beeinflusst und an dem neben dem Ministerrat und Vertretern der Kirchen auch die Sprecher der wichtigsten Oppositionsbewegungen (u.a. Neues Forum, Initiative für Frieden und Menschenrechte, von Demokratie jetzt, SDP/SPD, Grüne etc.) teilnehmen. Lokale Bürgerkomitees und Runde Tische bilden sich in den folgenden Wochen überall im Land – sie werden zu den entscheidenden Institutionen direkter Demokratie beim friedlichen Übergang der zerfallenden »Diktatur des Proletariats« in einen demokratischen Staat. Der Dialog zwischen den alten Machthabern und den neuen Vertretern des Volkes erreicht auf diese Weise schrittweise ein Ziel, das die Dialog-Taktik der SED so nicht vorsah. Am 28. Januar wird in Berlin

---

244 Neubert: Die Geschichte der Opposition in der DDR, S. 856.

übergangsweise eine »Regierung der nationalen Verantwortung« gebildet, der erstmals acht Vertreter der am Zentralen Runden Tisch vertretenen »neuen Gruppen« als Minister »ohne Geschäftsbereich« angehören – aus den »Rowdies« sind akzeptierte Partner geworden.

Die letzte Montagsdemonstration umrundet am 12. März 1990 den Leipziger Innenstadtring. Dann ist das Ziel der Proteste erreicht: Am 18. März 1990 finden im Osten Deutschlands die ersten freien Wahlen seit dem Anbruch der Nazi-Ära 1933 statt.

Eine gelungene deutsche Revolution

»Zwar war der Mauerfall am 9. November 1989 für ganz Europa ein erstaunlicher Tag und zugleich der Tag, der im Gedächtnis haften blieb. In mancher Hinsicht waren jedoch die Ereignisse in Leipzig einen Monat zuvor noch weitaus erstaunlicher. Am 9. Oktober zwang deutscher Mut zum ersten Mal in der Geschichte eine Diktatur in die Knie. Die Machthaber hatten öffentlich bekannt gegeben, den Sozialismus zu verteidigen, wenn es sein muss, mit der Waffe in der Hand ... Alles wartete auf ein Blutbad. Doch in letzter Minute zeigten die ungewählten Herrscher größere Angst vor ihren Bürgern als die Bürger vor ihren Herrschern. Dieser 9. Oktober ... ist ein Tag, auf den die Deutschen stolz sein können.«
(Steve Crawshaw – damaliger Osteuropakorrespondent des »Independent«) [245]

»1989 war keineswegs das Ende der Geschichte, sondern ihr Wiederbeginn. Die Revolution von 1989 war die erfolgreichste Revolution der Moderne.« *(Ralf Dahrendorf)* [246]

»Wenn man unter einer Revolution den Zusammenbruch eines Herrschaftssystems mitsamt seiner Legitimation, und zwar von innen her, versteht und nicht außerdem verlangt, dass Blut geflossen sein muss, dann war der Herbst 1989 eine Revolution und zwar eine vollständige.«[247] Darf man einen Volksaufstand als Klimax einer Revolution bezeichnen, auch wenn er unblutig verlief? Was macht den 9. Oktober 1989 zum entscheidenden Wendepunkt innerhalb des Herbstes 1989? Es sind zunächst unsichtbare geistige Verschiebungen, die mit der Demonstration in der Leipziger Innenstadt am Abend des 9. Oktober zum Durchbruch kommen und bewirken, dass die »Diktatur des Proletariats« danach nicht mehr das ist, was sie vorher war. Die Demonstration hat innerhalb weniger Stunden vieles durchgesetzt, was vorher nie möglich war. Von

---

245 DER SPIEGEL 51/2004.
246 Ebd.
247 Schröder: Die wichtigsten Irrtümer über die deutsche Einheit, S. 82.

diesem Tag an beherrscht nicht länger das Werteverständnis der SED-Ideologie die ostdeutsche Gesellschaft. Ein freiheitliches, pluralistisches Denken erfüllt das Land, die öffentlichen Worte tragen plötzlich andere Bedeutungen, Neudefinitionen sind nötig. Welchen Wert man auch auf den Prüfstand stellt – nach dem 9. Oktober besitzt er eine andere Bedeutung im Osten Deutschlands.

Und während bis zum 9. Oktober selbst auf den Protestkundgebungen in Leipzig und der übrigen DDR keine Plakate und Losungen getragen werden konnten, tauchten nach diesem politischen Urknall überall im Land Transparente auf. »Nach Leipzig«, war die Gefahr gebannt, wegen eines Plakats verhaftet zu werden und die eigene Existenz zu riskieren – eine Gefahr, die in der DDR immer bestand. Die Leipziger Militärführer sprachen am Morgen des 9. Oktober davon, dass ein »neuer 17. Juni« bevorstehe, um den Ernst der Lage zu erklären. Eine realistische Einschätzung, was das Protestpotenzial betrifft, eine komplette Fehleinschätzung jedoch, was die eigene Lage betrifft: Diesmal griffen die sowjetischen Truppen nicht ein. Valentin Falin, führendes Mitglied der KPdSU, Berater von Gorbatschow und damals sowjetischer Botschafter in Deutschland, erklärt später in einem Fernsehinterview, dass schon seit August 1989 ein Befehl für die Truppen der Roten Armee in der DDR in Kraft war, der sie anwies, in den Kasernen zu bleiben und nicht in inneren Angelegenheiten einzugreifen. »... es gab keinen Moment, wo eine andere Position in Erwägung kam.«[248] Und Wjatscheslaw Daschitschew, Historiker und Gorbatschow-Berater, bestätigt: »Schewardnadse hat auf diesem Befehl beharrt.«[249] Ein Stasioffizier ergänzt: »Die Sowjets hatten nicht nur gesagt, sie werden nicht wieder eingreifen wie am 17. Juni, sie haben vor solchen Dingen gewarnt, haben sogar darauf aufmerksam gemacht, daß das der Anfang blutiger Ereignisse in der DDR sein könnte, die niemand mehr unter Kontrolle bekommt.«[250] Als im August 1989 in Ostberlin die

---

248 Kuhn: Wir sind das Volk, S. 29.
249 Ebd.: S. 29.
250 Ebd.: S. 82.

Folgen der großen Ausreisewelle beraten wurden, fragte Stasi-Chef Mielke seine unterstellten Bezirkskommandeure noch sorgenvoll: »Ist es so, daß morgen der 17. Juni ausbricht?«[251] In der Tat gab es Parallelen, doch die alten Muster wiederholten sich nicht. Am 9. Oktober ging die Angst vor den Panzern des 17. Juni verloren. Ein existenzielles Trauma der ostdeutschen Gesellschaft wurde endgültig überwunden.

Die Streichung des 17. Junis als Nationalfeiertag nach der deutschen Wiedervereinigung – ohne jeden Bezug auf die Herbstrevolution von 1989 – war ein halbherziger Schritt in die falsche Richtung. Diese Entscheidung erweckt den fälschlichen Eindruck, der Widerstand der Ostdeutschen gegen die SED-Diktatur habe nach 1953 keinerlei Fortsetzung gefunden, sei mithin erfolglos geblieben und spiele heute für die gesamtdeutsche Demokratie keine Rolle. Hier klafft eine seltsame Lücke in der Würdigung deutscher Geschichte. Sind friedliche Helden nicht ehrenwert?

Der 17. Juni 1953 und der 9. Oktober 1989 markieren Anfang und Ende der »unsichtbaren«, d. h. medial schwer darstellbaren Zivilgesellschaft im Osten. Sie bildet gemeinsam mit der westdeutschen Bürgerdemokratie das Fundament dessen, was das vereinigte Deutschland heute ausmacht. Nicht wenige führende Politiker von heute sind von den Erfahrungen dieser Epoche geprägt: Bundeskanzlerin Merkel (geb. 1954 in Hamburg, aufgewachsen in Templin), der Brandenburgische Ministerpräsident und ehemalige SPD-Vorsitzende Matthias Platzeck (geb. 1953 in Potsdam) oder Bundestagsvizepräsident Wolfgang Thierse (geb. 1943 in Breslau, aufgewachsen in Ost-Berlin) beispielsweise sind »89er«, die im Schatten des 17. Juni aufwuchsen. Nach dem 9. Oktober begannen sie umzusetzen, was ihnen in der Zeit der Selbstbehauptung gegenüber dem SED-Staat politisch wichtig wurde.

Beim zweiten großen Volksaufstand in der DDR am Leipziger 9. Oktober gab es weder Tote noch Inhaftierte:

---

251 Protokoll der Dienstbesprechung vom 31. 8. 1989, in Mitter/Wolle: Ich liebe euch doch alle, S. 125.

Niemand wurde wegen der Teilnahme an der Leipziger Demonstration rechtskräftig verurteilt, obwohl im Vorfeld des 9. Oktobers zahlreiche Verhaftungen erfolgten.[252] Der friedliche Protest zehntausender Demonstranten in Leipzig, begleitet von Protestaktionen und Friedensgebeten in anderen Städten, hatte den Zerfall der SED-Herrschaft innerhalb eines Monats sowie der DDR innerhalb eines Jahres zur Folge. Der 9. Oktober 1989 konnte erfolgreich durchsetzen, was am 17. Juni 1953 noch misslang.

Ein neues Straßenschild für Leipzig.

Was bewirkte der 9. Oktober 1989?

Der Ausgang jenes Montags, des 9. Oktobers 1989 setzte einen erdrutschartigen gesellschaftlichen Wandel in der DDR in Gang und erfüllte existenzielle Forderungen der Opposition und ihrer rasant wachsenden Anhängerschaft:

1. Die Durchsetzung der Friedfertigkeit:
»Der 9. Oktober ist das Datum der alles entscheidenden Montagsdemonstration im Herbst 1989 ... Bis zu diesem Tag war

---

252 Alle Personen, die in den Leipziger Unruhen vom 7. und 9. Oktober von der Volkspolizei verhaftet wurden, kamen bis spätestens 13. Oktober wieder frei (vgl. Leipziger Volkszeitung vom 14./15. 10. 1989, S. 2).

die *Friedliche Revolution* alles andere als friedlich: Demonstranten – und nicht nur sie – wurden eingekesselt, gejagt, festgenommen. Tagelang suchten Menschen ihre ›verschwundenen‹ Kinder oder Eltern...«[253] Der Volksaufstand vom 9. Oktober setzt den friedlichen Protest auf der ganzen Linie durch. Damit ist ein wirksames Handlungsmuster gefunden, dass sich in vergleichbaren Situationen immer wieder bewährt: Die Gewaltlosigkeit der Massen bezwingt die Logik der »bewaffneten Organe« – die keinen Grund zum Eingreifen vorfinden. In dieses Patt zwischen Angegriffenwerden und Nichtzuschlagenkönnen versetzt die Leipziger Demonstration den SED-Staat am 9. Oktober vor den Augen der Weltöffentlichkeit, indem sie, behutsam agierend und dabei die »Internationale« singend, dessen stets verkündete »demokratische« Werte einfordert – z. B. den, eine wirkliche Volksherrschaft zu sein. Leipzig hat neue Normen sowohl des öffentlichen, als auch staatlichen Handelns durchgesetzt.

2. Die Durchsetzung der Versammlungsfreiheit:
Ab dem 9. Oktober wird es möglich, sich im SED-Staat unbehelligt frei zu versammeln. Dieses eigentlich seit Staatsgründung existierende Recht kann nun nach Jahrzehnten erstmals in Anspruch genommen werden. Der 9. Oktober ist der Beginn der massenhaften öffentlichen Demokratisierung: Die Demonstrationen wachsen und wiederholen sich von nun an wöchentlich und allerorten landesweit. Am 4. November 1989 wird in Ostberlin schließlich staatlicherseits eine Großdemonstration genehmigt, zu der beinahe eine Million Menschen erscheinen: Dankbar spricht Christoph Hein das viel zitierte Lob Leipzigs als »Heldenstadt«, denn jeder weiß, dass das Recht auf diese Zusammenkunft einen Monat zuvor unter Lebensgefahr auf den Straßen Leipzigs ertrotzt wurde – in Berlin besteht nun für die Demonstranten keine Lebensgefahr mehr. Die Phase der Massendemonstrationen in der DDR endet erst mit den freien Wahlen im März 1990.

---

253 Röder: 3. Oktober – der falsche Feiertag? in: Publik Forum Dossier, Sonderausgabe, Oberursel, 2003.

3. Die Durchsetzung der Meinungsfreiheit:
Mit dem Erfolg des 9. Oktober wird die allgegenwärtige Bevormundung durch die SED-Nomenklatura durchbrochen – plötzlich ist überall vom nötigen »Dialog« die Rede. Die Volkskontrolleure befinden sich ab sofort in der Defensive: Die Alleinherrschaft der SED wird offen in Frage gestellt und der entsprechende Passus wenig später, am 1. Dezember 1989, endgültig aus der Verfassung gestrichen. Vor dem Leipziger Aufstand war es undenkbar, mit einem selbst geschriebenen Plakat auf die Straße zu gehen oder in der Öffentlichkeit eine unzensierte Rede zu halten. Solche »Straftaten« werden vom 9. Oktober an nicht mehr verfolgt. Die Demonstration hat das öffentliche Rechtsverständnis effektiv von einem totalitären in ein demokratisches verwandelt – lange bevor die Gesetze geändert wurden.

4. Die Durchsetzung des Rechts auf politische Mitgestaltung:
Der Volksaufstand vom 9. Oktober bewirkte die inhaltliche Konkretisierung der seit Jahren schwelenden Kritik: Waren bislang eher allgemeine Forderungen wie »Für freie Menschen in einem freien Land«, »Wir sind das Volk«, »Keine Gewalt« oder »Freiheit, Gleichheit, Brüderlichkeit« zu vernehmen, so wurden von diesem Tag an vermehrt konkrete politische Ziele formuliert: Reisefreiheit, Meinungsfreiheit, Versammlungsfreiheit, Handelsfreiheit, freie Wahlen, öffentliche Kontrolle staatlichen Handelns usw. Der Prozess vom reinen Protest hin zur politischen Gestaltung bekommt mit diesem Tag eine Breitenwirkung, die gerade entstandenen neuen Parteien und Bewegungen bekommen ungeahnten Zulauf und damit politisches Gewicht. Die nun eingeforderten Werte entsprechen keineswegs mehr dem Verständnis der »Partei der Arbeiterklasse« – das Adjektiv »sozialistisch«, das bis dahin allem vorangestellt wurde, wird ersatzlos gestrichen. Ein demokratisches Werteverständnis gewinnt nach 56 Jahren »instinktiv« wieder die Oberhand im deutschen Osten.

5. Die Erstreitung demokratischer Verhältnisse aus eigener Kraft:
Der Durchbruch zur Freiheit war Folge einer couragierten friedlichen deutschen Bürgerbewegung, er kam von *innen*. Für den 9. Oktober gab es keine Schutzmächte und keinen Finanztransfer (nur Schutzpatron Gorbatschow stand Pate). Nach dem Frühjahr 1848 und dem November 1918 erweist sich die dritte demokratische Revolution in Deutschland vom Herbst 1989 als erfolgreich: Der Leipziger *Tag der Entscheidung*, der den Mauerfall und ein vereintes Deutschland zur Folge hat, ermöglicht den ersten unblutigen Systemwechsel in der deutschen Geschichte, der dauerhaft demokratische Verhältnisse zum Ergebnis hat. Die Ostdeutschen haben ihr Schicksal mit dem 9. Oktober 1989 selbst in die Hand genommen.

6. Die Durchsetzung der Freiheit der Kunst und der Medien:
Mit dem 9. Oktober beginnt die Pressefreiheit in der DDR. Bis zu diesem Tag wurde über die Proteste nicht, oder willentlich falsch berichtet. Danach setzt auf breiter Front eine zunehmend sachlichere Berichterstattung ein, die schließlich in einer Aufholjagd in Sachen freier Berichterstattung endet: Plötzlich ist von Informationsdefiziten und der Vorrangigkeit des Gemeinwohls die Rede, Vokabeln wie »Klassenstandpunkt« und »Diktatur der Arbeiterklasse« verlieren inflationär an publizistischem Wert.

7. Das Recht auf Reisefreiheit:
Die Abschottung der DDR hat nicht unerheblich zum Unmut der Massen beigetragen. Am 9. Oktober wird klar, dass der Druck weiter zunehmen wird. »Visafrei nach Hawaii« fordern die Leipziger. Deshalb kommt die Reisefreiheit auf die Agenda der Krisensitzungen der Regierung. Die Mauer fällt, dank eines an freie Pressekonferenzen nicht gewöhnten Apparatschiks »aus Versehen«.

Der 9. Oktober 1989 veränderte die Situation Deutschlands grundlegend und leitete ein neues Kapitel deutscher Geschichte ein. Doch wie können, wie sollten wir ihn historisch einordnen? Die deutsche Nachkriegsgeschichte begann am 8. Mai 1945, dem Tag der Kapitulation des Hitlerstaates. Dann besiegelte die Aufteilung Deutschlands in vier Besatzungszonen das Schicksal Deutschlands. Der Kalte Krieg spaltete die Welt entlang der innerdeutschen Trennlinie: Am 20. Juni 1948 formierte sich aus den Besatzungszonen der Westmächte die Bundesrepublik Deutschland, deren Bestand als eigener Staat mit der Unterzeichnung des Grundgesetzes am 23. Mai 1949 besiegelt wurde. Am 7. Oktober 1949 wurde auf dem Territorium der Sowjetischen Besatzungszone die Deutsche Demokratische Republik begründet. Beide Staaten entwickelten sich politisch, ideologisch und wirtschaftlich in unterschiedliche Richtungen, obwohl beide Seiten zunächst am Fernziel eines gemeinsamen deutschen Staates festhielten. Der amerikanische Marschallplan half mit gigantischen Krediten und *know how* dem Westen Deutschlands auf die Beine und verwandelte ihn binnen weniger Jahre in ein Wirtschaftswunderland. Die Sowjets requirierten in den Nachkriegsjahren mehr als eintausend ostdeutsche Industrieanlagen und 12 000 Kilometer Eisenbahnschienen. Die DDR mutierte unter der Führung der zwangsvereinigten ostdeutschen Kommunisten und Sozialdemokraten (Volksspott: »Sozialistische Einheizpartei«) zu einem Satellitenstaat der Sowjetunion, mit Planwirtschaft, niedrigem Lebensstandard und ständiger politischer Indoktrination. Insgesamt war die Belastung durch Reparationen im Osten zehnmal höher als auf dem Gebiet der Bundesrepublik. Der niedergeschlagene Volksaufstand vom 17. Juni 1953 erwies, dass die SED ihre Herrschaft nur mit Hilfe sowjetischer Panzer aufrechterhalten konnte: Von diesem Tag an lag das totalitäre Wesen der »Sozialistischen Demokratie« endgültig offen. Am

13. August 1961 wurde die deutsche Teilung zum *status quo* erhoben – der aus Leipzig stammende SED-Politiker Walter Ulbricht gab als Staatsratsvorsitzender der DDR den Befehl zum Mauerbau. Ulbricht ließ die innerdeutschen Grenzen zum Eisernen Vorhang ausbauen, an dem sich die Weltsysteme unversöhnlich gegenüberstanden. Dieser Zustand hielt für Jahrzehnte an und steigerte sich zum atomaren Rüstungswettlauf der Supermächte. Das Machtgefüge, das die zweigeteilten deutschen Zustände garantierte, bekam erst Mitte der achtziger Jahre mit der Perestroika-Politik des sowjetischen Staatslenkers Gorbatschow Risse. Am 9. Oktober 1989 implodierte es innerhalb weniger Stunden, begleitet lediglich von den Sprechchören »Keine Gewalt!« und »Wir sind das Volk!«.

Drei Ereignisse, die den Entwicklungsbogen jüngster deutscher Geschichte umreißen: Das Ende des Zweiten Weltkriegs am 8. Mai 1945, der Mauerbau am 13. August 1961 und das Scheitern des DDR-Regimes am 9. Oktober 1989. Auch wenn es den Beteiligten selten sofort bewusst war: An jedem dieser Tage begann eine neue Epoche, die nicht nur Deutschland, sondern auch Europa grundlegend veränderte.

Der blinde Fleck
Wie sähe Deutschland, wie sähe Europa aus, wäre an jenem Montag in Leipzig wie geplant geschossen worden? Die Wahrscheinlichkeit für eine blutige Niederschlagung, für bürgerkriegsähnliche Auseinandersetzungen war gegeben: Es ging um nicht weniger als um die Existenz eines Staatssystems, einer totalitären Herrschaft, die sich als »Sieger der Geschichte« sah. Das »Wunder von Leipzig« wird so genannt, weil alle Beteiligten vom friedlichen Ausgang des Konflikts überrascht waren. Nach der übergroßen Spannung,

war damit nicht zu rechnen. Das Unwahrscheinliche trat ein, die Geschichte nahm in diesem Moment einmal ihren bestmöglichen Ausgang. Das war kaum zu glauben, das war kostbar für alle, die es betraf. Und diejenigen, die Zeugen waren, ahnten: Einen solchen Augenblick erlebt man nur einmal. Mehr als mancher andere Tag in der deutschen Geschichte ruft deshalb der 9. Oktober Bewunderung dafür hervor, dass Zehntausende couragierter Deutscher ihr Leben riskierten und ohne Blutvergießen erfolgreich waren. Mit diesem Tag und seinen Zielen kann man sich identifizieren – und sich über seine Folgen freuen, ganz egal, ob man dabei war oder nicht. Der 9. Oktober 1989 und seine Folgen ist ein Stück deutscher Geschichte, dem man bis heute in aller Welt großen Respekt zollt (mitunter mehr, als in Deutschland selbst).

Einige Politiker und Publizisten meinen, der 9. Oktober 1989 sei eine lokale Angelegenheit der Leipziger, allenfalls der Ostdeutschen, also einer Minderheit im gemeinsamen Deutschland. Es ist selbstverständlich zu begrüßen, wenn die Leipziger und auch der Freistaat Sachsen heute in alljährlichen Gedenkveranstaltungen die Bedeutung dieses Tags würdigen. Doch die Zivilcourage der Demonstranten bewirkte an jenem Tag den entscheidenden Wandel für die gesamtdeutsche Gegenwart: Die Demokratie im Osten Deutschlands ist weder ein Geschenk der Siegermächte noch ein Zufallsprodukt. Die heute selbstverständliche Freiheit wurde unter großen Gefahren von den Bürgern selbst erstritten – das ist einmalig in der deutschen Geschichte. Hier existiert ein blinder Fleck in unserer Selbstwahrnehmung. Ohne die Entwicklung, die am 9. Oktober 1989 in Leipzig begann, ist der gemeinsame demokratische Staat, in dem wir heute leben, undenkbar. Die hier errungenen Freiheiten waren die Voraussetzung für die Überwindung des Eisernen Vorhangs, für das Ende eines unerträglichen Zustands, der weit über die deutschen Interessen hinauswirkte. In dem von der Selbstverteidigung zur Selbstvergewisserung gewordenen Ruf »Wir sind das Volk« steckt auch die Sehnsucht nach Solidarität und Gemeinsamkeit über alle Unterschiede und Generationen hinweg, die über den Herbst 1989 hinaus gilt.

Der 9. Oktober 1989 ist zugleich ein bemerkenswertes Kapitel für die Geschichte des Zivilen Ungehorsams. Eine erstaunliche Erkenntnis wurde gewonnen: Man kann selbst bewaffnete Diktaturen mit friedlichen Mitteln besiegen. Die Friedensgebete und die Losung »Keine Gewalt!« sind weltweit zu Symbolen der friedlichen Konfliktlösung geworden. Diese Art des politischen Widerstands hat über Osteuropa und das 20. Jahrhundert hinaus Schule gemacht.

Der 9. Oktober 1989 ist deshalb kein Erinnerungstag unter vielen: Er ist einer der raren deutschen Gedenktage, an dem keiner Opfer gedacht werden muss. Die Auswirkungen des »Menschenbebens« (Robert Jungk) von Leipzig sind binnen eines Monats in ganz Deutschland spürbar geworden und wenige Monate später in ganz Europa. Dass es ein jahrzehntelanger, verlustreicher Prozess war, an dessen entscheidendem Wendepunkt 70 000 Menschen ihr Leben riskierten, sollten wir nicht vergessen. Am Beginn der dritten deutschen Republik steht eine Friedliche Revolution. Am 9. Oktober 1989 fiel die Entscheidung für ihren tatsächlichen Erfolg auf den Straßen Leipzigs.

Zeittafel:

8. Mai 1945 – deutsche Kapitulation, Ende des II. Weltkriegs in Europa

23. Februar 1948 – Sechsmächtekonferenz beschließt Gründung eines westdeutschen Staates

24. Juni 1948 – Blockade Westberlins durch die Sowjetunion

23. Mai 1949 – Unterzeichnung des von allen westdeutschen Landtagen ratifizierten Grundgesetzes

07. Oktober 1949 – Gründung der DDR

17. Juni 1953 – Volksaufstand gegen die SED-Herrschaft in der DDR

November 1956 – gewaltsame Niederschlagung des Ungarnaufstands

13. August 1961 – Beginn des Mauerbaus

August 1968 – gewaltsame Beendigung des Prager Frühlings

13. November 1976 – Ausbürgerung Biermanns

seit September 1981 – Friedensgebete in der Leipziger Nikolaikirche

November 1987 – Festnahmen in der Ostberliner Umweltbibliothek

15. Januar 1988 – Verhaftungen bei Luxemburg-Liebknecht-Demonstration in Ostberlin

18. Januar 1988 – erstes politisches Friedensgebet in Leipzig

15. Januar 1989 – erste politische Demonstration in Leipzig

13. März 1989 – Ausreisewillige demonstrieren in Leipzig

7. Mai 1989 – DDR-Kommunalwahlen, gefälschte Ergebnisse werden erstmals landesweit dokumentiert

4. Juni 1989 – 2. Pleiße-Gedenkmarsch in Leipzig

10. Juni 1989 – 1. Leipziger Straßenmusikfestival

19. August 1989 – beim »Paneuropäischen Picknick« fliehen 900 DDR-Bürger über die ungarische Grenze nach Österreich

4. September 1989 – Demonstration in Leipzig «Wir bleiben hier!»

9. September 1989 – Gründungsaufruf des Neuen Forums

11. September 1989 – Ungarn öffnet die Grenze nach Österreich

25. September 1989 – ca. 5 000 protestieren in Leipzig gegen Verbot des Neuen Forums

1. Oktober 1989 – Demokratischer Aufbruch in Ostberlin gegründet

2. Oktober 1989 – 10 000 Demonstranten rufen in Leipzig der Volkspolizei »Wir sind das Volk!« zu, Demonstration gewaltsam aufgelöst

- *4. Oktober 1989* – Unruhen am Dresdener Hauptbahnhof wegen Durchfahrt der Züge mit den Prager Botschaftsflüchtlingen
- *6. u. 7. Oktober 1989* – landesweite Proteste am 40. Jahrestag der DDR, Gründung der SDP in Schwante, in Plauen erstmals friedliche Deeskalation
- *8. Oktober 1989* – Bildung der »Gruppe der 20« aus 20 000 Demonstranten in Dresden
- **9. Oktober 1989** – erster Rathaus-Dialog in Dresden, in Leipzig leiten 70 000 Demonstranten friedlich das Ende der SED-Herrschaft ein
- *16. Oktober 1989* – 120 000 Demonstranten in Leipzig
- *18. Oktober 1989* – Rücktritt Erich Honeckers, Krenz neuer Staatschef
- *23. Oktober 1989* – 300 000 Demonstranten in Leipzig
- 27. Oktober 1989 – der § 213 »unerlaubter Grenzübertritt« wird abgeschafft, Amnestie für Republikflüchtlinge und Oppositionelle
- *30. Oktober 1989* – 300 000 Demonstranten in Leipzig
- *4. November 1989* – fast 1 Million fordern in Berlin Presse- und Versammlungsfreiheit
- *6. November* – 600 000 Demonstranten in Leipzig
- *7. November 1989* – Rücktritt des DDR-Ministerrats
- *8. November 1989* – Rücktritt des ZK der SED, Registrierung des Neuen Forums als Vereinigung
- *9. November 1989* – Fall der Berliner Mauer
- *13. November 1989* – 300 000 Demonstranten in Leipzig, Modrow wird DDR-Ministerpräsident
- *18. November 1989* – Neues Forum endgültig zugelassen
- *1. Dezember 1989* – Streichung des Führungsanspruchs der SED aus der DDR-Verfassung
- *4. u. 5. Dezember 1989* – Besetzung der Stasi-Bezirksverwaltungen, Bildung von Bürgerkomitees
- *19. Dezember 1989* – in Dresden jubeln Zehntausende Vereinigungsanhänger Bundeskanzler Helmut Kohl zu
- *17. Januar 1990* – erste Sitzung des Runden Tisches
- *18. März 1990* – erstmals freie Wahlen in der DDR
- *1. Juli 1990* – Währungsunion zwischen DDR und Bundesrepublik Deutschland
- **3. Oktober 1990** – Beitritt der DDR zur Bundesrepublik Deutschland

Personenregister

A

Albani, Bernd (Pfarrer) 113
Arnold, Michael (Leipziger Mitbegr. Neues Forum, IGL, DI) 50, 61, 65, 133

B

Bächer, Hans (Mitbegr. Leipziger Friedensgebete) 46
Bachmann, René 101
Baez, Joan (amerikanische Sängerin) 40
Bartels, Michael (Leipziger Studentenpfarrer) 51
Barth, Karl (dt. Theologe) 38
Baumann, René (Gruppe der 20, Dresden) 76
Becker, Jurek (dt. Schriftsteller) 26
Berger, Matthias (Leipziger Rechtsanwalt, IM) 35, 37, 51
Berghofer, Wolfgang (OB Dresden) 68
Biermann, Wolf (dt. Sänger) 27
Birthler, Marianne 113
Bohley, Bärbel (Begründerin d. Neuen Forums) 61, 62, 64
Bonhoeffer, Dietrich (dt. Theologe) 38
Brahms, Johannes (dt. Komponist) 113
Bretschneider, Harald (ev. Landesjugendpfarrer Sachsens) 45

C

Crawshaw, Steve (brit. Politiker und Historiker) 141

D

Dahrendorf, Ralf (dt. Historiker) 141
Daschitschew, Wjatscheslaw (sowj. Politikberater) 142
Dibelius, Otto (ev. Bischof Berlin-Brandenburg) 38
Dickel, Friedrich (DDR-Innenminister) 81, 128, 136
Dietrich, Christian (Leipziger Oppositioneller AKSK, DI, DA) 84
Dienstbier, Jiří (tschechischer Dissident und Politiker) 29

Dietrich, Christian (Leipziger Oppositioneller AKSK, DI, DA) 18
Dietze, Henrike (Leipziger SED-Mitglied) 92
Döring, Hans-Joachim (Mitbegr. Leipziger Friedensgebete) 46
Dörre, Toralf (Bereitschaftspolizist in Leipzig) 100, 120
Dubček, Alexander (tschechoslowakischer Politiker) 25
Dusdal, Edgar (Mitbegr. Leipziger Neues Forum, AGF, IHN, AKSK) 133

E

Engelhardt, Lothar (Berliner Generalmajor d. NVA) 73
Eppelmann, Rainer (Ostberliner ev. Pfarrer) 112

F

Falin, Valentin (sowj. Botschafter) 142
Fischer, Werner (Ostberliner Oppositioneller, IFM) 51
Friedrich, Walter (DDR-Soziologe Leipzig) 88
Friedrichs, Hajo (ARD Fernsehmoderator) 115
Fritzsche, Holm (Leipziger Oberst der Volkspolizei) 96
Führer, Christian (ev. Pfarrer in St. Nikolai) 34, 51, 61, 64, 70, 78, 79,
 106, 116, 128, 129

G

Geiler, Gottfried (Dekan der Medizinischen Fakultät) 89
Ghandi, Mahatma (indischer Politiker) 39
Gorbatschow, Michail (sowj. Staatschef) 29, 30, 66, 80, 132, 142, 149
Gysi, Gregor (Berliner SED/PDS-Politiker) 62, 126
Gysi, Klaus 44

H

Hackenberg, Helmut (stellv. SED-Chef Leipzig) 63, 81, 95, 109, 111, 121,
 124, 127, 128, 134
Hager, Kurt (SED-Chefideologe, Berlin) 29
Hajek, Jiři (tschechoslowakischer Außenminister) 29
Hanisch, Günther (ev. Probst Leipzig) 75
Hattenhauer, Katrin (Leipziger Oppositionelle AKG, DI) 60, 111

Havel, Václav (tschechischer Dramatiker und Politiker) 29
Hein, Christoph (dt. Schriftsteller) 15, 16, 145
Heinemann, Thomas Heinemann, Thomas (Student in Leipzig) 85
Hempel, Johannes (ev. Bischof Dresden) 52, 68, 76, 77, 98, 100
Henrich, Rolf (Rechtsanwalt, Frankfurt Oder) 61, 64
Heym, Stefan (dt. Schriftsteller) 26
Hollitzer, Tobias (Leipziger Oppositioneller und Publizist) 18
Holz, Wolfgang 124
Honecker, Erich (DDR-Staatschef) 62, 64, 65, 69, 71, 82, 86, 88, 90, 94, 95, 110, 117, 125, 126, 127, 136
Höppner, Reinhard (Volkskammer-Vizepräsident) 16
Hummitzsch, Manfred (Stasichef Bezirk Leipzig) 58, 72, 83, 109, 117, 127

J

Jaruzelski, Wojcech (polnischer Staatschef) 28
Johannsen, Günther (Mitbegründer Friedensgebete Leipzig) 46
Jungk, Robert (dt.-österr. Zukunftsforscher) 151

K

Kaden, Klaus (Stadtjugendpfarrer Leipzig) 65
Keitel, Reinhard (Oberarzt an der Leipziger Uniklinik) 87
Keßler, Heinz (DDR-Verteidigungsminister) 65, 81
Klemperer, Victor (Dresdner Philologe) 37
Kowalczuk, Ilko-Sascha (Historiker) 14, 57, 63, 131
Krenz, Egon (SED/PDS-Politiker) 52, 64, 70, 73, 81, 88, 95, 109, 111, 124, 125, 127, 133, 134, 136, 138
Krummbiegel, Sebastian (Leipziger Sänger) 91
Kuhn, Ekkehard 18
Kunert, Günter (dt. Schriftsteller) 26
Kupicka, Sylvia (Theaterwissenschaftlerin) 91, 101
Küttler, Thomas (Superintendent in Plauen) 67

L

Lange, Bernd-Lutz (Leipziger Kabarettist) 59, 77, 95, 107, 121
Lässig, Jochen (Leipziger Oppositioneller, Mitbegr. AKG) 54
Leuschner, Andreas 68
Luther-King, Martin (amerikanischer Bürgerrechtler) 39
Lutz, Günther (Leipziger Kampfgruppenkommandeur) 21

M

Magirius, Friedrich (Leipziger Superintendent) 34, 35, 36, 37, 46, 47, 49, 75, 134
Marx, Karl 59
Masur, Kurt (Gewandhauskapellmeister) 77, 80, 95, 107, 108, 112, 128
Merkel, Angela (CDU-Politikerin) 143
Meyer, Kurt (SED-Bezirkssekretär Leipzig) 77, 94, 95, 107, 128
Mielke, Erich (Stasi-Chef) 63, 64, 69, 71, 72, 81, 83, 123, 136, 137, 143
Modrow, Hans (1. Sekretär der SED-Bezirksleitung Dresden) 65
Molkenbur, Norbert (Verlagsleiter Edition Peters, Leipzig) 89
Müller, Olaf (Mitbegründer Friedensgebete Leipzig) 46
Müller, Rainer (Leipziger Oppositioneller AKG, AKSK, IFM) 55, 56

N

Neubert, Frank (Gruppe der 20, Dresden) 76, 101

O

Oltmanns, Gesine (Leipziger Oppositionelle AKG, IGL, DI) 59
Opitz, Rolf (Vorsitzender des Rates des Bezirkes) 114

P

Patočka, Jan (Prager Philosoph) 29
Pflugbeil, Sebastian (Physiker, Berliner Bürgerrechtler) 61
Platzeck, Matthias (Politiker) 143
Plenzdorf, Ulrich (dt. Schriftsteller) 26
Pommert, Jürgen (SED-Bezirkssekretär Leipzig) 77, 95, 107, 128

R

Radomski, Aram (Untergrund-Journalist) 104, 118
Rakowski, Mieczysław (polnischer Politiker) 80
Reich, Jens (Molekularbiologe, Mitbegründer Neues Forum) 61
Reinelt, Joachim (kath. Bischof Dresden) 77
Reitwein (Stellv. Rat des Bezirkes Leipzig) 98
Richter, Frank (Kath. Kaplan, Gruppe der 20, Dresden) 39, 68
Richter, Johannes (Superintendent Leipzig West) 79

S

Schabowski, Günter (Berliner SED-Funktionär, Mitglied im Politbüro und ZK der SED) 18, 125
Schalck-Golodkowski, Alexander 138
Schefke, Siegbert (Untergrund-Journalist) 104, 118
Schewardnadse, Eduard (sowj. Außenminister) 142
Schleinitz, Gottfried (ev. Pfarrer Leipzig) 133
Schmutzler, Siegfried (ev. Studentenpfarrer Leipzig) 38
Schnur, Wolfgang (DDR-Rechtsanwalt und IM) 31
Scholl, Geschwister 37
Schumann, Horst (1. Sekretär der SED-Bezirksleitung Leipzig) 50, 64
Schwabe, Uwe (Leipziger Oppositioneller AGU, IGL, AGM) 18, 20, 55, 56
Sievert, Hans-Jürgen (ref. Pfarrer Leipzig) 18, 105
Sinagowitz (Oberst, Volkspolizei-Chef Bezirk Leipzig) 94
Sindermann, Horst (DDR-Politiker) 82
Stein, Horst (Protektor Karl-Marx-Universität) 134
Stellmacher, Lutz (Mitbegründer Friedensgebete Leipzig) 46
Straßenburg, Gerhard (Volkspolizeichef Stadt Leipzig) 84, 91, 109, 128
Streletz, Fritz (Berliner NVA-General) 110, 125
Streubel, Leander (Leipziger Oppositioneller) 47

T

Thierse, Wolfgang (dt. Politiker) 143
Thoreau, Henry David (Amerikanischer Philosoph) 15, 40
Tjutschew, Fjodor (russ. Dichter) 80
Tschiche, Hans-Jochen (ev. Pfarrer Magdeburg) 39, 61
Turek, Rolf-Michael (ev. Pfarrer Markusgemeinde Leipzig) 51

U

Ulbricht, Walter (DDR-Staatsratsvorsitzender) 26, 149

W

Wagner, Karl-Heinz (Stabschef im DDR-Innenministerium) 110
Weckwerth, Manfred (Theaterregisseur) 82
Wegner, Bettina (Berliner Liedermacherin) 26
Weidel, Gotthard (ev. Pfarrer Friedensgemeinde Leipzig) 51, 75
Weiß, Konrad (Dokumentarfilmer, Mitbegründer des DA) 39
Weiß, Peter (ev. Pfarrer Leipzig) 133
Wonneberger, Christoph (ev. Pfarrer der Lukasgemeinde Leipzig) 44, 47, 49, 51, 55, 63, 64, 65, 85, 115, 116, 135
Wötzel, Roland (SED-Bezirkssekretär Leipzig) 77, 95, 107, 124, 128, 134
Woytiła, Kardinal 28

Y

Yilin, Yao (chinesischer Vizepremierminister) 90

Z

Zarges, Jürgen (Leipziger Volkspolizeihauptmann) 107
Ziemer, Christoph (Superintendent in Dresden) 68
Zimmermann, Peter (DDR-Theologe d. Karl-Marx-Universität) 77, 95, 107, 108

Am 9. Oktober 1989 politisch aktive Leipziger Basisgruppen:

Arbeitsgruppe Friedensdienst (AGF) – ab Mitte der 70er Jahre (Stadtjugendpfarramt)

Arbeitsgruppe Menschenrechte (AGM) – seit 1987 (Lukasgemeinde)

Arbeitsgruppe Umweltschutz (AGU) – seit Anfang der 80er Jahre (Stadtjugendpfarramt)

Arbeitsgruppe Wehrdienstfragen – seit 1985 (Stadtjugendpfarramt)

Arbeitskreis Gerechtigkeit (AKG) – seit 1988 (Theologisches Seminar Leipzig)

Arbeitskreis Solidarische Kirche (AKSK) – seit 1984 Regionalgruppe Leipzig (Theologisches Seminar Leipzig)

Demokratische Initiative (DI) – nichtkirchliche politische Gruppe ab Januar 1989, ging im September im Neuen Forum auf

Frauen für den Frieden – seit 1984 (Nikolaigemeinde)

Friedenskreis Gohlis – seit Herbst 1985 (Friedensgemeinde)

Friedenkreis Grünau/Lindenau – seit 1983, katholisch bzw. ökumenisch (kath. Gemeinde Leipzig-Grünau)

Gruppe Neues Denken – seit 1988 am »Klub der Intelligenz«, kritische Studenten und SED-Mitglieder, ging 1989 im Neuen Forum auf

Hoffnung für Ausreisewillige – ab 1986 (Nikolaigemeinde)

Initiativgruppe Hoffnung Nikaragua (IHN) – ab 1981 (Nikolaigemeinde)

Initiativgruppe Leben (IGL) – 1987 aus der AGU hervorgegangene, offen gesellschaftskritisch agierende Gruppe ohne feste Anbindung

Kadenkreis – seit 1988 von Stadtjugendpfarrer Kaden geführte Arbeitsgruppe zur Ausreiseproblematik

Kontaktbüro – ab Januar 1988 aktive Koordinierungsgruppe der solidarischen Aktionen für die Inhaftierten, später für ein öffentliches Begegnungszentrum der Leipziger Basisgruppen (KOZ oder Ökumenisches Begegnungszentrum), zunächst an der Evangelischen Studentengemeinde, später Nikolaigemeinde, bzw. Übergang in die Koordinierungsgruppe an der Markusgemeinde ab September 1989

Trägerkreis – siehe Kontaktbüro

Offene Arbeit Mockau – ab Ende der 60er gab es in Leipzig etliche Anlaufstellen der »offenen Arbeit« (vgl. S. 38), von denen eine der aktivsten an der evangelischen Mockauer Gemeinde angesiedelt war

Literaturverzeichnis:

1989/90: *Auflösung der DDR-Staatssicherheit*: Ein zentrales Ereignis der friedlichen Revolution. Materialien zur Tagung in der Gedenkstätte »Museum in der Runden Ecke« in Leipzig 3.12.–5.12.2004. o.O. 2004.

Adam, Werner: *Verhinderte Egon Krenz am 9. Oktober eine chinesische Lösung?* Frankfurter Allgemeine Zeitung vom 21.11.1989.

Ahrberg, Edda; Hertle, Hans-Herrmann; Hollitzer, Tobias: *Die Toten des Volksaufstandes vom 17. Juni 1953*, Münster 2004.

Auerbach, Thomas: *Vorbereitung auf den Tag X – Die geplanten Internierungslager des MfS*. BStU Reihe B, Analysen und Berichte 1/95, Berlin 1995.

Aufbruch 89: *Die Friedliche Revolution in Sachsen. Ausstellungskatalog*. Der Sächsische Landesbeauftragte für die Unterlagen des Staatssicherheitsdienstes der ehemaligen DDR (Hrsg.), Dresden 2004.

Baule, Bernward: *Wir sind das Volk! Politische Bedienungsfelder der Freiheitsrevolution in der DDR*, in: Löw, Konrad (Hrsg.): Ursachen und Verlauf der deutschen Revolution 1989, Berlin 1991.

Birthler, Marianne: *15 Jahre deutsche Einheit – 15 Jahre Erinnerung an die SED-Diktatur*, 22. Bertha-Benz-Vorlesung, gehalten am 07. Juli 2005, Broschüre der Gottfried-Daimler- und Karl-Benz-Stiftung, Ladenburg 2005.

Bohse, Reinhard und Hollitzer, Tobias (Hrsg.): *Heute vor zehn Jahren: Leipzig auf dem Weg zur friedlichen Revolution*. InnoVatio Verlag, Fribourg 2000.

Bollinger, Stefan: *Keine Gewalt – Ausbruch aus der Logik des Klassenkampfes*, 9. Oktober 1989: Zwischen letztem Tanz und Tag der Entscheidung, in: Disput, Oktober 2004.

Brand, Karl-Werner: *Massendemokratischer Aufbruch im Osten*: Eine Herausforderung für die NSB-Forschung, in: Forschungsjournal Neue Soziale Bewegungen 2/1990.

Brand, Karl-Werner: *Neue Soziale Bewegungen auch in der DDR?*, in: Rink, Dieter; Pollack, Detlef (Hrsg.): Zwischen Verweigerung und Opposition: politischer Protest in der DDR 1970–1989. Frankfurt/M./ New York 1997.

Brücher, Lars: *Das Westfernsehen und der revolutionäre Umbruch in der DDR im Herbst 1989*, Magisterarbeit, Uni Bielefeld 2000.

Burkhardt, A./Fritzsche, K.P. (Hrsg.): *Sprache im Umbruch. Politischer Sprachwandel im Zeichen von ›Wende‹ und Vereinigung‹*, Berlin/New York 1992.

Cornelsen, Doris: DDR, in: Höhmann, Hans-Hermann/Seidenstecher, Gertraud (Hrsg.): *Die Wirtschaft Osteuropas und der VR China 1980–1990*. Bilanz und Perspektiven, Hamburg 1988.

Czok, Karl: *Nikolaikirche – offen für alle. Eine Gemeinde im Zentrum der Wende*. Evangelische Verlagsanstalt, Leipzig 1999.

D'Agostino, Anthony: *Gorbatchev's Revolution, 1985–91*, London 1998.

Dalos, György: *Der politische Umbruch in Ost- und Mitteleuropa und seine Bedeutung für die Bürgerbewegung in der DDR*, in: Deutscher Bundestag:

Materialien der Enquete-Kommission »Aufarbeitung von Geschichte und Folgen der SED-Diktatur in Deutschland«, Band VII/2: Möglichkeiten und Formen abweichenden und widerständigen Verhaltens und oppositionellen Handelns, die Friedliche Revolution im Herbst 1989, die Wiedervereinigung Deutschlands und Fortwirken von Strukturen und Mechanismen der Diktatur, Frankfurt 1995.

Der Druck von unten wächst – DER SPIEGEL Heft 48/1989, 27. November 1989.

Dietrich, Christian und Schwabe, Uwe (Hrsg.): *Freunde und Feinde – Friedensgebete in Leipzig zwischen 1981 und dem 9. Oktober 1989*. Dokumentation. Evangelische Verlagsanstalt, Leipzig 1994.

Dietze, Henrike: *Das Schweigen brechen – zum Beispiel über den 9. Oktober 1989 in Leipzig* – offener Brief eines Mitglieds der PDS/DF-Fraktion der Stadtverordnetenversammlung Leipzig, 24. 6. 1992 (Quelle: URL: HYPERLINK »http://wwischer.itrnet.com/dietze/oktober1989.pdf« http://wwischer.itrnet.com/dietze/oktober1989.pdf, [Stand 03.07.2007].

Döring, Hans-Joachim: M*ontagsalarm im Politbüro – Erinnerungen an die Anfänge der Friedensgebete in St. Nikolai zu Leipzig*, in: Die Zeichen der Zeit, Lutherische Monatshefte 11/1999.

Dowe, Dieter/Eckert, Rainer (Hrsg.): *Von der Bürgerbewegung zur Partei. Die Gründung der Sozialdemokratie in der DDR*, Bonn 1993.

Engler, Wolfgang: *Die Ostdeutschen. Kunde von einem verlorenen Land*. Aufbau-Verlag, Berlin 1997.

Engler, Wolfgang: *Die zivilisatorische Lücke. Versuche über den Staatssozialismus*. Suhrkamp, Frankfurt am Main 1998.

Engler, Wolfgang u. a.: *1989 – früher Aufbruch, spätes Ende? Eine Bilanz nach der Zeitenwende*, Berliner Debatte, Berlin 2000.

Engler, Wolfgang: *Die Ostdeutschen als Avantgarde*, Aufbau-Verlag, Berlin 2002.

Etzkorn, K. Peter/Stiehler, Hans-Jörg: *The «Valley of the Clueless» – Results From an Historical Experiment*, in: Communications 23/1998, Heft 3, S. 271–298.

Fehr, Helmut: *Bewegung für Bürgerrechte und Öffentlichkeit – ein Thema der Vergangenheit?*, in: Forschungsjournal Neue Soziale Bewegungen, Heft 1/1998.

Findeis, Hagen/Pollack, Detlef/Schilling, Manuel: *Die Entzauberung des Politischen. Was ist aus den politisch alternativen Gruppen der DDR geworden?* Interviews mit ehemals führenden Vertretern. Leipzig 1994.

Fischer, Alexander/Heydemann, Günther (Hrsg.): *Die politische »Wende« 1989/90 in Sachsen*. Weimar/Köln/Wien 1995.

Friedrich, Walter: *Mentalitätswandlungen der Jugend in der DDR*, in: APuZ, B 16/17, 1990.

Gutzeit, Martin: *Widerstand und Opposition in den achtziger Jahren. Von der Formierung bis zum Sturz der SED-Diktatur*, in: Deutscher Bundestag: Materialien der Enquete-Kommission »Aufarbeitung von Geschichte und Folgen der SED-Diktatur in Deutschland«, Band VII/2: Möglichkeiten und Formen abweichenden und widerständigen Verhaltens und oppositionellen Handelns, die Friedliche Revolution im Herbst 1989, die Wiedervereinigung Deutschlands und Fortwirken von Strukturen und Mechanismen der Diktatur, Frankfurt 1995, S. 235–244.

Havel, Václav: *Versuch, in der Wahrheit zu leben*, Reinbek 1989.

Heber, Norbert: *Keine Gewalt! Der friedliche Weg zur Demokratie – eine Chronologie in Bildern*. Verbum, Berlin 1990.

Hempel, Johannes / Hahn, Udo: *Erfahrungen und Bewahrungen. Ein biographischer Rückblick.* Evangelische Verlagsanstalt, Leipzig 2004.

Hermann, Kai: *Von Helden und Heuchlern.* STERN-Zeitgeschichte, Beilage des Stern, S. 14 ff., Hamburg November 1999.

Hertle, Hans-Herrmann: *Chronik des Mauerfalls*, Christoph Links, Berlin 1996.

Hertle, Hans-Herrmann: *Der Fall der Mauer. Die unbeabsichtigte Selbstauflösung des SED-Staates*, Opladen 1996.

Hertle, Hans Herrmann: *Zur Leipziger Montagsdemonstration vom 9. Oktober 1989*, in: Frankfurter Rundschau vom 9. Oktober 1999.

Hinze, Albrecht: *Eine Legende zerbröckelt. DDR: Was machte Egon Krenz am 9. Oktober?,* in: Süddeutsche Zeitung vom 21.11.1989.

Höppner, Reinhard: *Zukunft gibt es nur gemeinsam. Ein Solidaritätsbeitrag zur Deutschen Einheit*, München 2002.

Hollitzer, Tobias: *Der friedliche Verlauf des 9. Oktober 1989 in Leipzig – Kapitulation oder Reformbereitschaft? Vorgeschichte, Verlauf und Nachwirkung.* in: Heydemann, Günter / Mai, Gunter / Müller, Werner (Hrsg.): Revolution und Transformation in der DDR 1989/90, S. 247–288, Duncker & Humblot, Berlin 1999.

Hollitzer, Tobias: *Wir leben jedenfalls von Montag zu Montag – Zur Auflösung der Staatssicherheit in Leipzig. Erste Erkenntnisse und Schlussfolgerungen.* Berlin: Der Bundesbeauftragte für die Unterlagen des Staatssicherheitsdienstes der ehemaligen DDR, Reihe B: Analysen und Berichte 1/99.

Holzweißig, Gunter: *Zensur ohne Zensor. Die SED-Informations-Diktatur*, Bonn 1997.

Jankowski, Martin u. a. (Hrsg.): *Herbstzeitlose, Lieder und Texte zur Wende*, AGM, Eberswalde 1990.

Jankowski, Martin: *Rabet oder Das Verschwinden einer Himmelsrichtung*, via verbis, Scheidegg 1999.

Jetzt oder nie – Demokratie. Leipziger Herbst 1989. C. Bertelsmann, Leipzig 1989.

Joas, Hans/Kohli, Martin (Hrsg.): *Der Zusammenbruch der DDR*, Frankfurt am Main 1993.

Joppke, Christian: *East German Dissidents and the Revolution of 1989*, London 1995.

Jungk, Robert: *Menschenbeben: Der Aufstand gegen das Unerträgliche*. Ein Bericht, München 1983.

Kehr, Matthias: *Kriminalistische Untersuchungen zur Anweisung polizeilicher Übergriffe im Oktober 1989 in Dresden, Leipzig und Berlin*. DER KRIMINALIST 4/1996.

Kowalczuk, Ilko-Sascha: *Artikulationsformen und Zielsetzungen von widerständigem Verhalten in verschiedenen Bereichen der Gesellschaft*, in: Deutscher Bundestag: Materialien der Enquete-Kommission Aufarbeitung von Geschichte und Folgen der SED-Diktatur in Deutschland, Band VII/2: Möglichkeiten und Formen abweichenden und widerständigen Verhaltens und oppositionellen Handelns, die Friedliche Revolution im Herbst 1989, die Wiedervereinigung Deutschlands und Fortwirken von Strukturen und Mechanismen der Diktatur, Frankfurt 1995, S. 1203–1284.

Kowalczuk, Ilko-Sascha/Sello, Tom (Hrsg.): *Für ein freies Land mit freien Menschen – Opposition und Widerstand in Biographien und Fotos*, Robert-Havemann-Gesellschaft, Berlin 2006.

Krenz und Mielke vereinbaren auf Geheimkonferenz chinesische Lösung – DIE WELT vom 21.05.1990.

Kuhn, Ekkehard: *Der Tag der Entscheidung. Leipzig 9. Oktober 1989*, Ullstein, Berlin 1992.

Kuhn, Ekkehard: *»Wir sind das Volk«. Die friedliche Revolution in Leipzig, 9. Oktober 1989*, Ullstein Berlin 1999.

Lasch, Gundula (Text und Redaktion)/Eisler, Christiane/Härtrich, Thomas/Hirth, Peter/Jähnichen, Martin: *WendeWände: Bitte melde Dich.* mitteldeutsche editionen verlagsgesellschaft mbH, Leipzig 2000.

Lemke, Christiane: *Die Ursachen des Umbruchs 1989. Politische Sozialisation in der DDR*, Opladen 1991.

Lindner, Bernd: *Die demokratische Revolution in der DDR 189/90*, Bonn 1998.

Links, Christoph/Nitsche, Sybille/Taffelt, Antje: *Das wunderbare Jahr der Anarchie – Von der Kraft des Zivilen Ungehorsams 1989/90.* Chr. Links, Berlin 2004.

Links, Christoph und Bahrmann, Hans: *Chronik der Wende*, Chr. Links Verlag, Berlin, mehrere Bände ab 1994.

Löw, Konrad (Hrsg.): *Ursachen und Verlauf der deutschen Revolution 1989,* Berlin 1991.

Masur, Kurt: *Man darf nicht schon wieder verfälschen.* In: Frankfurter Allgemeine Zeitung vom 21.11.1989.

Meuschel, Siegrid: *Legitimation und Parteiherrschaft. Zum Paradoxon von Stabilität und Revolution in der DDR 1945–1989*, Frankfurt 1992.

Minderheitenvotum des Abgeordneten Arnold und der Fraktion Bündnis 90/Grüne des Sächsischen Landtags, Dokumentensammlung beim Sächsischen Landesbeauftragten für die Stasi-Unterlagen, Ordner 176, 177.

Mitter, Armin/Wolle, Stefan (Hrsg.): *Ich liebe euch doch alle! – Befehle und Lageberichte des MfS Januar-November 1989*, BasisDruck Verlagsgesellschaft, Berlin 1990.

Möbius, Regine: *Panzer gegen die Freiheit – Zeitzeugen des 17. Juni berichten.* Schriftenreihe des Sächsischen Landesbeauftragten für die Stasi-Unterlagen, Evangelische Verlagsanstalt, Leipzig 2003.

Naumann, Katja/Lotz, Christian/Klemm, Thomas: *Eine zweite Öffentlichkeit? Zur Verbreitung von Untergrundliteratur während der 80er Jahre in Leipzig.* Edition Leipziger Kreis, Leipzig 2001.

Neubert, Erhart: *Geschichte der Opposition in der DDR 1949–1989*. Christoph Links, Berlin 1998.

Neues Forum Leipzig: *Jetzt oder nie – Demokratie!,* Forum Verlag, Leipzig 1989.

Opp, Karl-Dieter/Voß, Peter: *Die volkseigene Revolution*, Stuttgart 1993.

Pollack, Detlef/Rink, Dieter: *Zwischen Verweigerung und Opposition. Politischer Protest in der DDR 1970–1989*, Frankfurt am Main 1997.

Pollack, Detlef (Hrsg.): *Politischer Protest: Politisch alternative Gruppen in der DDR,* Opladen 2000.

Publik-Forum: *3. Oktober – der falsche Feiertag?* – Dossier, Publik-Forum Verlagsgesellschaft. Oberursel 2003.

Richter, Michael/Sobeslavsky, Erich: *Die Gruppe der 20 – Gesellschaftlicher Aufbruch und politische Opposition in Dresden 1989/90*. Böhlau. Köln, Weimar, Wien 1999.

Rüddenklau, Wolfgang: *Störenfried. DDR-Opposition 1986–1989*. Mit Texten aus den »Umweltblättern«, 2. überarb. Auflage, Berlin 1998.

Sawka, Richard: *Gorbatchev and his reforms 1985–1990*, New Jersey 1990.

Schabowski, Günter: *Der Absturz,* Berlin 1991.

Schäfer, Hermann: *Die Heldenstadt Leipzig und ihre Ausstrahlung im Herbst 1989.* Festschrift für Wolfgang Hippel. In: Stadt und Land. Bilder, Inszenierungen und Visionen in Geschichte und Gegenwart, hrsg. v. Sylvia Schraut und Bernhard Stier, Stuttgart 2001, S. 319–335.

Schmid, Josef: *Die politische Rolle der Evangelischen Kirchen in der DDR in den achtziger Jahren. Gratwanderung zwischen Opposition und Anpassung,* in: Müller-Enbergs, Helmut / Schulz, Mariann / Wielgohs, Jan (Hrsg.): *Von der Illegalität ins Parlament. Werdegang und Konzept der neuen Bürgerbewegungen*, Berlin 1991.

Schneider, Wolfgang et al. (Hrsg.): *Leipziger Demontagebuch. Demo – Montag – Tagebuch – Demontage.* Gustav Kiepenheuer, Leipzig und Weimar 1990.

Schröder, Richard: *Die wichtigsten Irrtümer über die deutsche Einheit.* Herder, Freiburg 2007.

Schwabe, Uwe: *Friedensgebete in Leipzig* – Vortrag, Manuskript in: Dokumentensammlung beim Sächsischen Landesbeauftragten für Stasi-Unterlagen, Ordner 63.

Staritz, Dietrich: *Geschichte der DDR*, erw. Ausgabe, Suhrkamp, Frankfurt am Main 1996.

Stephan, Gert-Rüdiger (Hrsg.): *Vorwärts immer, rückwärts nimmer! Interne Dokumente zum Zerfall von SED und DDR 1988/89,* Berlin 1994.

Sievers, Hans Jürgen: *Stundenbuch einer deutschen Revolution – die Leipziger Kirchen im Oktober 1989*. Göttingen 1990.

Smoltczyck, Alexander: *Feuert's Magazin leer bis zur letzten Mumpel*. In: Die Tageszeitung vom 24. 11. 1989.

Tetzner, Reiner: *Leipziger Ring – Aufzeichnungen eines Montagsdemonstranten 1989/90. Nachtrag: Gespräch mit Pfarrer Chr. Führer über die Montagsdemonstrationen bis 2004*. Leipzig 2004.

Timmer, Karsten: *Vom Aufbruch zum Umbruch - Die Bürgerbewegung in der DDR 1989*, Dissertation, Bielefeld 1999.

Von den Arbeitern verlassen – DER SPIEGEL Heft 48/1989, 27. November 1989.

Wagner-Kroya, Georg: *Eine protestantische Revolution in Halle*, Heydemann, 1999.

Was geschah am 9. Oktober? – DER SPIEGEL Heft 48/1989, 27. November 1989.

Zwahr, Helmut: *Die Revolution in der DDR im Demonstrationsvergleich. Leipzig und Berlin im Oktober und November 1989* – in: Hettling, Manfred; Nolte, Paul (Hrsg.): Nation und Gesellschaft in Deutschland, Historische Essays, München 1996, S. 335–350.

Zwahr, Hartmut: *Ende einer Selbstzerstörung. Leipzig und die Revolution in der DDR*, Göttingen 1993.

Zitierte Filmdokumente:

»Leipzig im Herbst – Aufbruch 1989« Dokumentation der DEFA-Gruppe »documenta« vom November 1989/DFF 1990

»Der 9. Oktober in Leipzig – Versuch einer dokumentarischen Rekonstruktion« von Rudi Kubitzsch und Rainer Burkhardt, ein Bericht der Redaktion DDR-Reportagen vom Januar 1990, DFF 1990

»Tage der Entscheidung – kein Blutbad in Leipzig« Bayerischer Rundfunk 1991

»Wir waren das Volk – Leipziger Montagsdemonstranten heute« ZDF 1992

»Der Tag der Entscheidung« ZDF 1992

»Die werden doch nicht schießen – Der 9. Oktober 1989 in Leipzig« MDR 1999

»Wir sind das Volk – Leipzig 10 Jahre danach« – ZDF 1999

Aufzeichnungen der Leipziger Stasi-Überwachungskameras vom 25. 9., 2. 10. und 9. 10. 1989

Der Autor dankt allen Fotografen und Archiven, die Bilder zur Verfügung gestellt haben, sowie Rebecca Jany, Silvia Kupicka, Julia Weber, Lars Korte, Hans-Dieter Hoch, Hubert Jankowski, Bernd Albani, Uwe Schwabe, Monika Keller, Annegret Grimm und Barbara Handke sowie ganz besonders Nancy Aris und Michael Beleites für die großzügige Unterstützung.

Zum Autor:

Martin Jankowski, geb. 1965 in Greifswald, lebte 1985-90 als Autor und Liedermacher in Leipzig. Er gestaltete zahlreiche Friedensgebete an der Nikolaikirche und war von Januar 1988 bis September 1989 ökumenischer Sprecher des »Trägerkreises«, der die Aktivitäten der Leipziger Basisgruppen koordinierte und ein öffentliches Kommunikationszentrum (Ökumenisches Begegnungszentrum) schaffen sollte. Von 1982–89 war er Ziel von »Zersetzungsmaßnahmen« der Staatssicherheit. Ab 1990 Studium der Theologie, später Germanistik und Amerikanistik. Seit 1995 freier Schriftsteller in Berlin, verschiedene Preise und Stipendien, u. a. den Jahrespreis für Literaturwissenschaft und Geistesgeschichte 1998 der DVLG und das Alfred-Döblin-Stipendium der Akademie der Künste 2006. Zu seinen Veröffentlichungen zählen ein Roman über die Leipziger Revolutionszeit (Rabet oder Das Verschwinden einer Himmelsrichtung, 1999) und Erzählungen über den Wandel im Berlin der neunziger Jahre (Seifenblasenmaschine. Berliner Szenen, 2005).

130 Jahre Zuchthaus

Achim Beyer
Urteil: 130 Jahre Zuchthaus
Jugendwiderstand in der DDR
und der Prozess gegen die
»Werdauer Oberschüler« 1951

112 Seiten mit zahlr. Abb.,
Paperback
ISBN 978-3-374-02070-6
9,80 Euro

Fünfeinhalb Jahre seiner Jugend musste Achim Beyer unter menschenverachtenden Haftbedingungen des frühen SED-Staates verbringen. Aus Protest gegen die ersten Scheinwahlen 1950 hatte er mit einigen Freunden Flugblätter in der westsächsischen Kleinstadt Werdau verteilt.
In einem brachialen politischen Prozess wurden 19 Jugendliche zu insgesamt 130 Jahren Zuchthaus verurteilt. Dieses Buch analysiert die damaligen Vorgänge anhand der heute zugänglichen Akten und schildert die Ereignisse aus der Sicht eines persönlich Betroffenen.

EVANGELISCHE VERLAGSANSTALT
Leipzig

www.eva-leipzig.de

Berichte und Interviews zum 17. Juni 1953

Regine Möbius
Panzer gegen die Freiheit
Zeitzeugen des 17. Juni berichten

176 Seiten mit zahlr. Abb., Paperback
ISBN 978-3-374-02084-3
9,80 Euro

Arbeiteraufstand, Revolte oder Putsch waren Begriffe, unter denen man zu erfassen suchte, was an jenem Mittwoch im Juni 1953 in der DDR geschah. Das Freiheitsstreben unzähliger Menschen wurde mit brutaler Gewalt beantwortet. Sowohl Schauspieler und Künstler als auch Wissenschaftler, Theologen, Arbeiter und Angestellte berichten über ihre Beobachtungen, ihre Haltungen, ihre Konflikte und Irrtümer. Entstanden ist eine spannende Mischung aus Subjektivität und Zeitgeschichte, die nach über 50 Jahren die Ereignisse in einem neuen Licht erscheinen lässt.

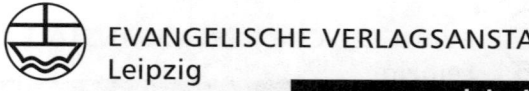

EVANGELISCHE VERLAGSANSTALT
Leipzig

www.eva-leipzig.de

Die Reisekader

Jens Niederhut
Die Reisekader
Auswahl und Disziplinierung einer privilegierten Minderheit in der DDR

152 Seiten mit zahlr. Abb.,
Paperback
ISBN 978-3-374-02339-4
9,80 Euro

Nichts prägt die DDR mehr als ihre Grenzen. Eine entsprechend große Bedeutung hatte die Erlaubnis zum Reisen. Für Dienstreisen in das »nichtsozialistische Wirtschaftsgebiet« gab es ein strenges Auswahlverfahren, das den Kreis derer festlegte, die überhaupt einen Reiseantrag stellen durften: Die »Reisekader« waren eine privilegierte Minderheit, die sich durch eine besondere politische Loyalität zum SED-Staat auszeichnete. Gleichwohl war das »Reisekadersystem« ein Instrument, das zur Kontrolle und Disziplinierung der gesamten wissenschaftlichen und wirtschaftlichen Elite in der DDR beitrug und den Kreis der Begünstigten in Abhängigkeitsverhältnisse brachte.

EVANGELISCHE VERLAGSANSTALT
Leipzig

www.eva-leipzig.de

Zerstörung einer Künstler-Biographie

Jürgen Gottschalk
Druckstellen
Die Zerstörung einer Künstler-Biographie durch die Stasi

120 Seiten mit zahlr. Abb., Paperback
ISBN 978-3-374-02361-5
9,80 Euro

Dresden in den 1970er Jahren. Mit Witz und politischem Hintersinn organisierten einige Künstler hinter dem Eisernen Vorhang vielfältige Projekte, die weit über die DDR hinaus große Resonanz fanden. Das jedoch brachte die Künstler ins Visier der Stasi.
Jürgen Gottschalk, einer der wichtigsten Akteure der Szene, beschreibt sehr authentisch, wie der Staatssicherheitsdienst planmäßig versuchte, sein Leben zu zerstören. Seinen Schilderungen des allmählichen Berufsverbotes, der Inhaftierung und schließlich der grausamen Haftzeit werden Auszüge einer Diplomarbeit des für seinen »operativen Vorgang« verantwortlichen Stasi-Offiziers gegenübergestellt, die das Absurde und Menschenverachtende des politischen Systems verdeutlichen.

EVANGELISCHE VERLAGSANSTALT
Leipzig

www.eva-leipzig.de